危机与变局

中美报业转型比较研究

辜晓进　著

中国大百科全书出版社

图书在版编目（CIP）数据

危机与变局：中美报业转型比较研究/辜晓进著. --北京：中国大百科全书出版社，2021.11
（深圳大学新闻传播学前沿文库）
ISBN 978-7-5202-1050-8

Ⅰ.①危… Ⅱ.①辜… Ⅲ.①报业—体制改革—对比研究—中国、美国 Ⅳ.①G219.2 ②G219.712

中国版本图书馆CIP数据核字（2021）第226454号

出 版 人 刘国辉
策 划 人 曾 辉
责任编辑 鞠慧卿 蒋 祚
责任印制 魏 婷
封面设计 乔智炜
出版发行 中国大百科全书出版社
地 址 北京市阜成门北大街17号 邮政编码 100037
电 话 010-88390969
网 址 http://www.ecph.com.cn
印 刷 北京君升印刷有限公司
开 本 710毫米×1000毫米 1/16
印 张 16.75
字 数 187千字
印 次 2022年1月第1版 2022年1月第1次印刷
书 号 ISBN 978-7-5202-1050-8
定 价 78.00元

本书如有印装质量问题，可与出版社联系调换。

序

“望远镜”的酣畅感与“显微镜”的透视感

张志安

深圳大学辜晓进教授是一位资深媒体人，一位新闻实务教学专家，一位中美报业转型的观察家。他的《走进美国大报》《重走美国大报》系列著作曾获中国新闻史学会“卓越学术奖”，这个沉甸甸的奖项，体现着他从资深媒体人向优秀学者的成功转型，也彰显着他对报业转型和报人精神孜孜不倦的观察与呵护之情。

最近，诲人不倦、笔耕不辍的辜晓进教授又拿出了一本新著《危机与变局：中美报业转型比较研究》。在这本书中，他带着鲜明的问题意识，运用案例分析、深度访谈、问卷调查等多种方法，结合大量一手调研资料，深度细致地剖析中美报业转型的异同。他对中美报业长期的贴近观察和深刻洞察，化繁就简地体现在一系列富有洞察性的观点中，笔者有幸先睹为快，忍不住摘编一些精彩论述与大家共赏：

——从融合转型过程看，中美报业经历的融合发展阶段有同有异。中国报业大致经历了报纸创办网站和电子版、报纸内容数字化与手机报、报纸与社交媒体及移动智能终端融合共三个阶段，美国报业基本未经历手机报阶段。辜晓进教授指出，“在两国互联网的发展进度基本一致、报业数字环境大致相同、报业融合发展的脉络大体相似的情况下，报业的融合转型效果呈现较大落差。”

——从起跑线的角度看，中美报业的数字化融合转型存在“时间差”。美国报业早在互联网诞生并商用化前，报业经济还处于强盛期和快速增长期时就开始进行多种尝试，而中国报业的“触电”则始于互联网上用化之后，而且初期主要是电子版等比较单一的形式，进入21世纪后两国报业的发展才逐渐趋同。为此，辜晓进教授仔细追溯了中美报业转型的源头，并指出：“从这个意义上讲，中国报业危机意识和融合意识的觉醒，比美国同行晚了约15年。”

——从数字化发展的观念看，中美报业对“数字优先”理念的贯彻各有侧重。近年来，美国报业对这一战略的实施力度有所加强，并促进了转型效果的全面改观。辜晓进教授的调研显示，尽管国内报业的主流基本认可这一战略，一批“中央厨房”的建立也表明从理念到实践的转变，“但真正常态化践行这一理念者，仍是少数。大多数报纸仍未脱离以纸媒为中心的生产流程。”

——从社交媒体运营实践看，中美报业经历的阶段相似、运营效果差异显著。辜晓进教授研究发现，中美两国的报业在利用社交媒体方面，都经历了从将其作为新闻来源、将其作为新闻分发平台，再到通过其拓展受众规模的共同阶段。“所不同者，中美报业在利用社交媒体方面，无论是起步时间、平台数量还是账户规模，都存在较大差异。”美国报业的社交媒体运营，可用的大型社交平台多、各报开设的社交账户多。中国报业由于平台稀少、高度集中，粉丝量则显著高于美国报业。

——从客户端运行角度看，中美报业的应用场景和传播效果有所不同。其中一个突出差异点是美国报业的客户端，与母报品牌具有较强关联性，而中国报业的客户端出现了“异名化”特点，即App的名称与创办该App的报纸名称完全不同。此外，中国报业客户端的内容强调集团内不同报刊内容的聚合，收入和盈利方式不像美国报业那么多样化。

——从商业模式的探索看，中美报业在原创内容收费方面差异显著。两国报业都强调扩大数字平台的受众规模、开发和拓展数字端广告、在发行和广告之外开辟第三种收入来源。但中美相比，“第一点在扩大受众规模上是完全一致的，但在内容收费方面中美差异巨大；第二点是美强中弱，第三点是各有千秋。”辜晓进教授还强调，探索建构新的商业模式是报业在数字时代自我拯救的关键要素。其中，付费墙在美国报业逐渐普及，在中国，则只有少数报纸真正在持续探索。

在本书的最后一章，辜晓进教授将中美报业融合转型的启示概括为四点：起点不同而理念趋同、移动传播仍大有文章可做、数字广告拓展需要创新思维、内容付费需因报而异择机而行。纵观全书，读者可以从宏观、中观、微观等不同层面全面细致地把握中美报业融合转型的轨迹、趋势和挑战，既可以获得结构性层面“望远镜”般的酣畅感，又可以感受到细节、案例和数据层面“显微镜”般的透视感。

令人感佩的是，作为中美报业比较研究的一部力作，本书从始至终贯穿着观察视野的跨文化思维、现象剖析的在地性立场。掩卷沉思，辜晓进教授针对中美报业的深入分析，给正在探路前行的从业者带来启示：保持危机意识，坚守专业使命，大胆实验探索，报业融合转型这份考卷没有标准答案。同样，这本书也给诸多数字新闻业的研究者带来启示：保持政治经济学的整体视野，立足国家和社会的具体语境，以在地经验的厚重描述为基础、去建立国际对话的理论阐述，应是共同的努力方向。

（作者为中国新闻史学会应用新闻传播研究分会会长、中山大学传播与设计学院教授）

目录

第一章　绪论：数字时代的报业危局 / 1

第一节　研究背景 / 4

第二节　研究方法 / 14

一、文献研究法 / 15

二、调查研究法 / 15

三、深度访谈法 / 16

四、观察研究法 / 18

五、比较研究法 / 18

第三节　研究样本 / 18

第二章　数字转型：起跑线上的差异 / 21

第一节　美国报业的早期融合尝试 / 23

第二节　Web 前后的美国报业融合实践 / 28

第三节　始于 1995 年的中国报业数字化进程 / 32

第三章　理念差异：数字优先的转型导向 / 37

第一节　数字优先理念的提出 / 39

第二节 数字优先的美国报业实践 / 42

第三节 个案：《皮卡尤恩时报》的激进改革 / 46

第四节 中国报纸：有限度的数字优先 / 48

第五节 本章小结：纠结中的数字优先 / 57

第四章 社交媒体作为转型突破口 / 61

第一节 美国报业：社交媒体从新闻来源到用户拓展 / 64

一、社交媒体作为新闻来源 / 64

二、社交媒体作为新闻分发平台 / 67

三、社交媒体与拓展受众 / 69

第二节 美国报业社交媒体的规模 / 72

一、美国社交媒体的平台规模 / 72

二、美国报纸的社交账户规模 / 76

第三节 社交媒体助力报业拓展用户 / 80

一、社交媒体的垂直化拓展 / 81

二、社交媒体的场域化策略 / 83

第四节 中国报纸社交媒体的发展 / 84

一、中国报纸的主要社交媒体平台 / 85

二、借助社交媒体的内容传播 / 91

第五节 本章小结：差异明显的中美报业社交战略 / 100

第五章 中美报业客户端应用的不同场景 / 105

第一节 美国报业 App 的全面崛起 / 108

一、报业 App 的产生与发展 / 109

二、移动环境下 App 的普及应用 / 111

三、主流报纸成 App 开发大户 / 114

第二节 App 在美国报业转型中的作用 / 115
一、App 扩大了报纸的受众规模 / 116
二、App 丰富了报纸的内容生产 / 117
三、App 优化了报纸的传播方式 / 126
四、App 为新盈利模式建构做出贡献 / 129
第三节 中国报业 App 的发展特点 / 133
一、中国报业 App 的集中涌现 / 134
二、中国报业 App 的异名化 / 136
三、中国报业 App 的聚合化 / 140
第四节 中国报业 App 面临的挑战 / 142
一、受众两极分化，多数 App 门庭冷落 / 142
二、低活跃度和单一形态影响了 App 的传播 / 144
三、报业 App 盈利模式的探索 / 146
第五节 本章小结：客户端的价值有待重新认识 / 148

第六章 做大规模、广告转型与多种经营 / 151

第一节 数字受众的规模化发展 / 154
一、美国报业不遗余力拓展数字用户 / 155
二、中国报纸的转型典型也胜在规模 / 160
第二节 报业数字广告开发的效果比较 / 164
一、美国报业直接数字广告的增长 / 164
二、美国报业间接数字广告的开拓 / 173
三、中国报业数字广告仍处于初级阶段 / 178
第三节 多种经营：两国报业的齐头并进与不同路径 / 183
一、多种经营作为整合模式的回归 / 183
二、美国报业的多种经营 / 185
三、中国报业的多种经营 / 190

第四节　本章小结：中国数字广告落后而多种经营领先 / 197

第七章　内容付费战略：中美两重天 / 201

第一节　美国付费墙的兴起与普及 / 204

一、《纽约时报》的成功探索 / 205

二、付费墙在美国报业迅速普及 / 208

三、付费墙在美国仍存争议 / 211

第二节　付费模式在中国的曲折实践 / 216

一、温州报业的早期试水 / 216

二、国内其他报纸的探索与后撤 / 220

三、财经和专业类报纸的付费墙存续 / 223

四、国内报纸付费墙现状 / 225

五、国内报纸付费墙的五种模式 / 230

第三节　本章小结：内容是王道 传播是霸道 / 236

第八章　结语与讨论：在借鉴和探索中转型 / 243

第一节　起点不同而理念趋同 / 246

第二节　移动传播仍大有文章可做 / 248

第三节　数字广告拓展需要创新思维 / 249

第四节　内容付费需因报而异，择机而行 / 251

后记 / 255

第一章

绪论：数字时代的报业危局

2005年，世界报业协会（WAN）根据考古新发现的历史证据，确认由约翰·卡罗拉斯（Johann Carolus）于1605年在德国斯特拉斯堡（现隶属法国）创办的《新闻要报》（Relation aller Fürnermmen und Gedenckwürdigen Historien），为目前保存有实物的世界第一份印刷报纸。[①] 这改变了此前关于第一份现代化报纸诞生于1609年的定论（包括各类大百科全书在内的很多权威图书和教材长期沿用这一定论）。依此推算，世界现代化报业迄今已有415年的历史（截至2020年）。

存在400多年的报纸进入21世纪后，突然面临危机。危机看上去由2008年源自美国的全球金融危机触发（2009年美国报业广告出现半个多世纪以来最大跌幅），实际上是信息技术革命的必然结果。数年后，包括中美两国在内的各国报业均已形成共识：融合转型是报业自救、脱离危机的唯一途径。而中美两个报业大国在转型上的时间差异、路径差异、理念差异、效果差异等，便成为认知这场危机及应对方法的最佳比较研究样本。其研究结果，也必将有利于中国报业在取长补短的借鉴中改革进步。

① 辜晓进：《当代中外新闻传媒：现状与源头》，中国人民大学出版社，2012年，第61页。

第一节 研究背景

长期以来，报业在传统媒体中地位崇高。即便在广播和电视这两大电子媒体相继问世并进入黄金时代后，报纸仍在与之并行的大半个世纪内保持着相对垄断的强势地位。或许如《报业未来：电子报纸如何在竞争中胜出》一书作者肯顿·埃尔德金（Kenton W. Elderkin）所言："从1453年到电视业出现的1950年代，印刷传媒一直是信息业之王。……今天（指20世纪90年代——笔者注），纸媒仍然享受着广告收入的最大份额。"（Elderkin，1996）[①]事实上，在新媒体已经问世的20世纪末至本世纪初，报业在包括美国和中国在内的世界主要媒体市场中仍顽强抵达了各自的发展巅峰（以广告收入为标志）。只是从2009年之后，报业才在新媒体和世界金融危机的双重打击下，突然由西而东陆续进入下行通道，直至陷入全行业的深刻危机。

报纸作为最古老和与"电"绝缘的传统媒体，其低时效、高损耗、劣呈现等种种弊端在数字时代暴露无遗，且因与受众新的阅读习惯形成巨大反差，而最先遭到读者和广告商的双重抛弃，成为受新媒体冲击最惨烈的行业之一。报人们发现，在信息消费方式业已发生根本改变的大环境下，深陷危机的传统报业只有拥抱新媒

① Kenton W. Elderkin，*The Future of the Newspaper Industry: How Electronic Newspapers Will Outrun their Competition*，IstBooks Library，1996，pp.1–5.

体、走融合发展之路，才可能跟上读者新的信息消费节奏，以获浴火重生之效，因为“不能适应电子市场竞争的报纸，都必将出局”（Elderkin，1996）①于是，报业成为传统媒体中最先走上融合转型之路的媒体种类。

这一转变始于美国。美国作为新媒体的创始国和传统媒体的最强国，其报业也最早遭受冲击。数字媒体的双寡头 Facebook 和 Google，鲸吞了美国一多半的数字广告（2018 年占比 52%②），也与其他科技公司蚕食了大多数纸媒的广告来源。美国报业广告在 2005 年创出 494.35 亿美元的新高，但在随后 7 年内便腰斩约一半至 253.16 亿美元，并继续下跌至 2018 年的仅剩不到 1/3：143.46 亿美元（估测数）。纸质报纸平日刊和星期天刊的平均发行量，则从 2000 年的 5 577.3 万份和 5 942.1 万份，跌至 2018 年的 2 860 万份和 3 080 万份（估测数），也都腰斩。③

① Kenton W. Elderkin, *The Future of the Newspaper Industry*: *How Electronic Newspapers Will Outrun their Competition*, IstBooks Library, 1996, pp.1–5.

② *Digital News Factsheet*, www.journalism.org, July 23, 2019.

③ 以上数据均综合自历年皮尤研究中心（Pew Research Center）相关报告。

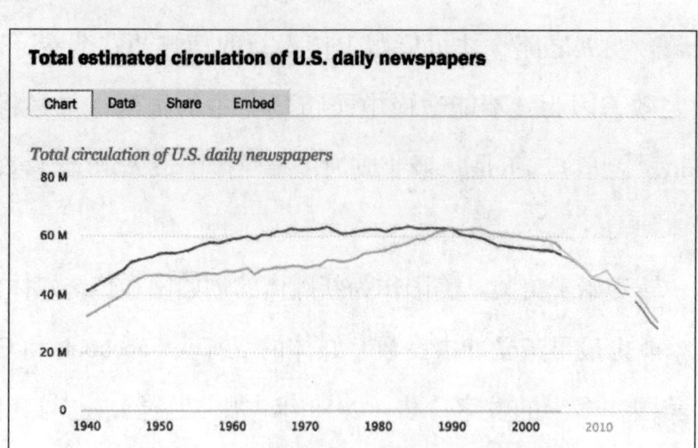

图 1.1 美国报纸发行量变化（1940—2018）

（深色是日报，浅色是星期天刊，虚线后是估测数）

来源：*Newspapers Fact Sheet*, www.journalism.org July 9, 2019.

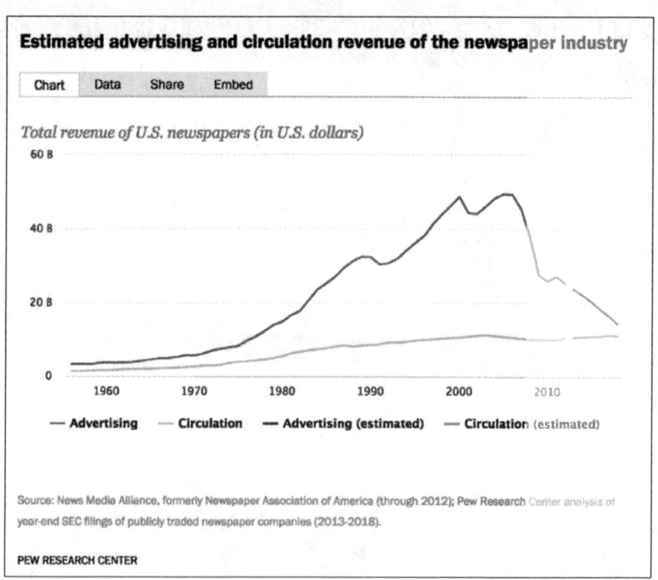

图 1.2 美国报纸广告和发行收入变化（1956—2018）

（深色为广告收入，浅色为发行收入，虚线后是估测数）

来源：*Newspapers Fact Sheet*, www.journalism.org July 9, 2019.

美国报业的这种跌幅，超过了当时世界上所有报业大国。美国也很早就意识到危机的到来以及未来的趋势，因此也是全球在应对危机和转型融合方面行动最早的国家和成效最显著的国家之一。这正是本研究的最初动机，即对美国报业在应对危机中的理念意图、行动方案、路径选择、转型效果等探个究竟，进而探讨其对中国报业的借鉴意义。当然这也是中国报人和媒体学者共同关注的一个焦点，因为过去的经验已经证明，就技术而言，美国报业的昨天就是中国报业的今天，尽管两国在政治体制、新闻体制和政策环境等方面有着巨大差异。

以广告为标志的中国报业衰退，比美国晚了 6 年。就在原《京华时报》社长吴海民于国内率先提出“报业寒冬论”[①]的2005年，也是美国报业开始长期负增长的前一年，中国的报业仍延续此前的惯性继续较快增长着，广告收入在此后的数年内平均增幅仍保持两位数。[②]2005 年 8 月 5 日召开的第二届“中国报业竞争力年会”发布 2005 年《中国报业发展报告》，从“日报出版能力”“千人日报拥有量”“报纸普及率”“报纸定价总金额”等指标，确认“报业已成为我国发展最快的行业之一”，且“2000 年来的这波增长势头最为强劲”[③]。吴海民在接受采访时也说,“冬天”只是针对“都市报”而言，而且“春天终究要来临，但只有那些强者能享受到和煦的春风”[④]。因

① 肖武：《吴海民：都市报的冬天提前来到了》,《传媒》，2005 年第 7 期，第 20 页。

② 综合央视市场研究（CTR）历年数据，其中广告收入主要指刊登额，金融危机后的大幅增长部分得益于国家 4 万亿投入基础设施建设的拉动作用。

③ 《快讯：2005 年〈中国报业发展报告〉发布》，搜狐财经，2005 年 8 月 5 日，http://business.sohu.com/20050805/n240226720.shtml。

④ 肖武：《吴海民：都市报的冬天提前来到了》,《传媒》，2005 年第 7 期，第21页。

此，吴海民先知先觉的早期警告并未引起多数报人及新闻学者的重视。吴海民自己也没想到冬天会是难以苏醒的漫漫长夜，他所说的春天迄今并未来临。中国报业以 2012 年的广告收入负增长为起点，出现了全面和迄今再未回头的衰退。而且来势凶猛，覆巢之下，未见完卵。负增长头 4 年的数据惊心动魄：2012 年，–7.3%；2013 年，–8.1%；2014 年，–18.3%；2015 年，–35.4%。[①]“断崖”“跳水”等字眼从此成为描述中国报业现状的高频词。2016 至 2019 年的报业广告数据仍无明显好转的迹象：2016 年，–38.7%；2017 年，–32.5%；2018 年，–30.3%；2019 年，–31.4%。[②]

由上述数据可见，中国报业广告自 2012 年开始负增长以来的 8 年时间里，有 6 年出现两位数负增长，5 年出现超过 30% 的负增长。对照美国报业广告收入的走势，中国报业近年的年跌幅已超过美国报业的最大年跌幅。美国报业广告自 2006 年负增长后直至 2016 年，11 年间只有金融危机期间的 2008 年和 2009 年的跌幅达到两位数，其中 2009 年跌幅最深：–26.6%。

（两国报业广告变化的对比，详见图 1.3、1.4[③]）

不过，这里需要说明的是，作为中国报业研究的最重要数据，其广告统计的连贯性、规范性和精准度一直存在较大问题。近 20 年来，新闻出版总署每年发布的“全国新闻出版业基本情况”从不包

---

① 2012、2014、2015 年的数据来自《2015 年传统媒体广告全线下降》，《中国新闻出版广电报》，2016 年 2 月 5 日；2013 年的数据来自《2013 年中国广告市场回顾》，CTR 媒介智讯 2014 年 1 月发布。

② 综合自 CTR 媒介智讯历年发布数据。

③ 中国报业广告已有很多年未公布绝对数据，由多方偶尔公布的数据也互有矛盾（详见下文）。因此，这里的绝对多数数据大都根据每年公布的广告增幅计算而来，仅供参考。

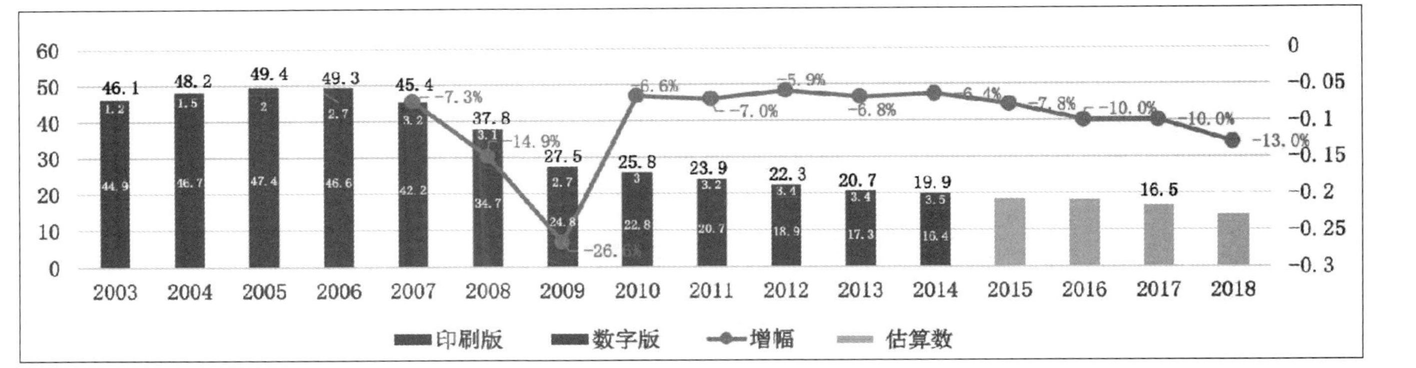

图 1.3　美国报业广告变化趋势图（2003—2018）

单位：10 亿美元

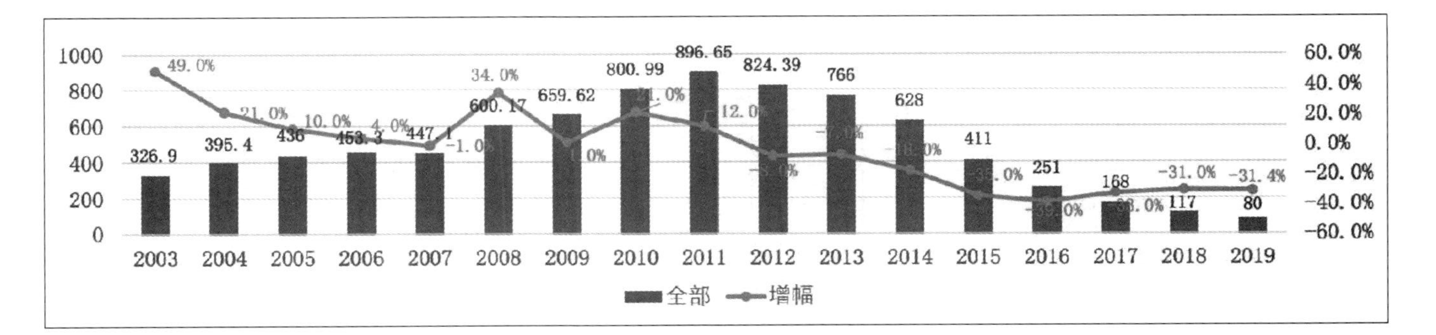

图 1.4　中国报业广告变化趋势图（2003—2019）

来源：综合自 PEW 和 CTR 历年数据

含广告数据。相对经常性发布报业广告数据的机构主要有：官方的国家工商行政管理总局及其后的国家市场监督管理总局下属的广告监督管理司、半官方的中国广告协会，公司化经营的CTR央视市场研究，民间的慧聪邓白氏研究等。但这些机构的发布总体上存在发布行为不连贯、统计口径不一致、数据相互矛盾、只有增长率而很少披露绝对数等缺陷。例如，市场监管局只是偶然对外公布报业广告数据；中国广告协会也从早期相对经常发布报业广告数据变成很少发布，其官网基本看不到这类数据；慧聪邓白氏已消失多年。近10年来，CTR渐渐成为国内唯一定期常规性发布媒体广告数据的机构，也因此成为业界和学界依赖度最高的相关数据来源，最近几年的各种"蓝皮书"也都基本采用了CTR数据。

此外，数据矛盾也很突出。由于报业广告有"刊登额"（刊例价）、"投放额""经营额""实收额"等不同统计口径，表现为绝对数时便出现很大差异。而当发布者模糊了统计口径后，这种差异就往往令人费解。以2018年数据为例，市场监管总局发布的数据为"经营额"较上年下降10.34%，[①]而CTR的《2018年中国广告市场回顾报告》则称报纸的"广告刊例"收入下降30.3%[②]。上述两机构同年的电视广告数据也出现巨大差异：市场监管局称2018年"电视广告逆势而行，同比增长26.73%，远超行业预期"，而CTR称"电视广告刊例收入减少0.3%"（数据来源同上）。事实上，从2018年各电视台普遍日子不太好过的实际情况看，是得不出两位数"逆势而

① 《2018年广告市场继续增长，经营额接近8000亿》，《中国市场监管报》，2019年4月28日。

② 《2018年中国广告市场回顾报告》，CTR媒介智讯，2019年1月31日。

行”的判断的。

绝对数的“打架”更是常见。例如慧聪邓白氏研究发布报告称，2009 年“报纸媒体的全年广告投放额达到 911 亿元”，“2010 年截止至8月，报纸媒体广告额达到了637.64亿元”[①]。但在2010年还是正增长的情况下，中国广告协会报刊分会在其主办的“2010 年度全国报刊广告工作总结会议”上却宣布，2010 年“我国报纸广告收入达381.5亿元”[②]。而作为“蓝皮书”的《2007年：中国传媒产业发展报告》又说2006年“报纸广告的刊登规模为453亿元”[③]。要知道，从2006 年到 2010 年，中国报纸广告虽然增幅屡创新低，但一直还是正增长的，怎么绝对数却越来越少了？

因此，综合各种因素，特别是从定期发布、口径统一、状态稳定、便于比较等方面综合权衡，当涉及中国报业的广告数据时，本研究主要采信 CTR 的监测统计。

报业危机的另一个重要表征是发行量大幅下降。发行量下降背后的读者流失和注意力转移，是广告滑坡的最主要原因。但关于中国报纸的发行量统计数据，就更无任何规范化的统计发布体系可循。目前，只能从新闻出版总署每年公布的报纸总印张数、期印数和印刷出版行业公布的新闻纸用量等数据，间接了解报纸总发行量和版面数量等变化情况。根据新闻出版总署的数据，2005 年中国（不含

---

① 《中国报纸广告市场上扬 报纸广告额达 637.64 亿》，《新闻传播》，2010 年第 12 期，第 5 页。

② 《去年中国报纸广告收入达 381.5 亿元》，《中国新闻出版报》，2011 年 4 月 1 日。

③ 崔保国主编：《2007 年：中国传媒产业发展报告》，中国科学文献出版社，2007 年，第 67–68 页。

港澳台，下同）共出版报纸 1 931 种，平均期印数（也就是总期发行量）19 548.86 万份，总印数 412.6 亿份，总印张 1 613.14 印张。到了 2018 年，上述 4 种数据变成 1 871 种，17 584.84 万份，337.26 亿份和 927.90 亿张。① 相比之下，总印张数减少最多，14 年减幅高达 42.48%，也接近腰斩。这也最能反映报业的发行情况，包括发行量和版面数。而从个案和局部数据观察，我们有理由相信，实际情况比上述数据更糟糕。2012 年 11 月 13 日，长期从事报纸广告监测研究的 CTR 研究顾问姚林在第五届报刊广告大会发言中提道：根据 CTR 对 2011 年 60 个城市的调查，“报纸读者减少了 350 万”，“都市报读者减少了 6%”②。此后多年来，报纸读者持续以更快的速度流失，这是人们普遍可以感受到的。

在读者流失的同时，报纸的出版方也在通过大幅减版甚至周末不出版等方式，刻意减少供给，以减轻因广告收入大幅减少而带来的成本压力。以中国最早扩版进入厚报时代的《广州日报》为例，该报延续 1987 年率先突破地方党报 4 版格局扩为 8 版的领先优势，于 1992 年 1 月 1 日再次在全国率先扩版至对开 12 版，又于 1993 年扩至 16 版，1997 年 12 月 13 日起逢周六扩至 40 版，更于千禧年到来之日的 2000 年 1 月 1 日创下 200 个版的中国报纸厚报纪录。但近年来，中国厚报潮流的领军报纸也被迫向形势屈服，不断压缩版数。据笔者对该报 2020 年 9 月份报纸的版数统计，全月以每天 16 版为常态，周末（周六和周日）皆为 8 版，另有 6 次 20 版，平均每天

---

① 综合自国家新闻出版总署官网公布的 2005 年和 2018 年全国新闻出版业基本情况。

② 第五届中国报刊广告大会 CTR 高级研究顾问姚林发表讲话，2012 年 11 月 13 日，https://v.youku.com/v_show/id_XNDc0NTQ3OTAw.html。

14.7 版，已退回到 1993 年的水平。

再以经济发展仍很强劲、报纸产业较为发达的深圳为例。当地的龙头报纸《深圳特区报》曾经紧追《广州日报》加入扩版行列，于 1993、1995 年先后突破对开 12 版和 16 版，从 21 世纪初开始保持在每天 40 版左右；《深圳商报》也在同期保持与《深圳特区报》相近的规模。但近年深圳的报纸也进入大幅度减版的供给下行通道，其中，发行量曾经冠居全市报业的《晶报》干脆取消了周末的出版发行，成为深圳首份每周只出版 5 天的中文日报。据我的研究生唐小涵对《深圳特区报》《深圳商报》《深圳晚报》《晶报》这 4 家中文主流日报的比较研究，四报 2019 年 9 月实际出版版面总共为 1 666 个版，比两年前的 2017 年 9 月 2 654 个版下降了 37.2%。[①]

这种大幅减少内容供给的做法，实际上是对报纸尚存但较为脆弱的刚需的沉重打击。报纸减版后，政策宣传、社会动员等宣传性、导向性内容并未受到明显影响，而很多读者感兴趣的知识性、消遣性、思辨性以及个性化细分的内容却无处承载了。须知，现在的报纸读者，绝大多数是经历过报纸内容极为丰富的黄金时代，或者是在那个时代才成为报纸读者的，他们对这种变化往往较为敏感。在信息过剩而优质内容仍然稀缺的数字时代，报纸这样做无疑是一种慢性自杀——如果连这部分忠实读者都觉得手上轻飘飘的报纸没啥可看、可有可无的话，那今后还有谁看报纸呢？然而，报纸也无可奈何，维持丰富内容生产的根基已经动摇甚至坍塌了，减少一切可

① 唐小涵根据这 4 家报纸在深圳新闻网 2017 年 9 月和 2019 年 9 月数字版的统计而成。

以减少的成本支出，以有限的资源确保当下的存活，才是最要紧的事情。

由上可知，中国报业正经历着美国报业曾经经历和继续经历的共同困局，而且在某些方面有过之无不及。然而，中美报业尽管面临共同的危机，中国也因向美国借鉴了诸多技术而有很多相似的做法，近年却在以自我救赎为主要目的的融合发展的道路上呈现出较大差异，甚至指向不尽相同的发展方向。

中国报业的融合发展，大致经历了报纸创办网站和电子版、报纸内容数字化与手机报、报纸与社交媒体及移动智能终端融合共三个阶段。这三个阶段的发展路径与美国相比，除了时间差（美国起步明显早于中国）和美国基本未经历手机报过程外，并无明显不同。但在数字优先的基本理念与执行上，以及在建构新商业模式这类关系到转型效果和终极命运的战略选择上，两国报业呈现出明显的差异。这导致在两国互联网的发展进度基本一致、报业数字环境大致相同、报业融合发展的脉络大体相似的情况下，报业的融合转型效果呈现较大落差。

第二节　研究方法

本研究综合采用了文献研究法、调查研究法、深度访谈法、观察研究法、比较研究法以及质化、量化等多种研究方法。主要有：

一、文献研究法

为使叙事的逻辑更加畅顺，也为节省篇幅，本书不单辟“文献综述”，而将相关的文献评述融入各章节。

本研究参照的中文文献也包含未曾公开发表的内部资料，外文文献则尽量采用第一手文献，同时也包含在调研过程中获得的美国报纸内部资料。几个最知名的国际新闻研究机构的年度报告及统计资料是最重要的文献来源之一。它们包括：总部位于美国达拉斯的世界新闻媒体协会（International News Media Association，简称 INMA），美国报业协会旗下的美国报业研究院（American Press Institute，简称 API），总部位于华盛顿特区的民间智库——皮尤研究中心（Pew Research Center），总部位于巴黎的世界报业与新闻出版协会（World Association of Newspaper & News Publishers，简称 WAN-IFRA），汤姆路透集团旗下的路透研究院（Reuters Institute，简称 RI）。（上述机构的年度报告有些需要购买）同时，还包括本人 2016 年出席纽约数据新闻峰会和媒体大数据大会期间听取的数十个演讲及其 PPT。

二、调查研究法

调研是本研究使用的最重要方法之一。本研究关于中美报业转型实践的现状与历史，主要建立在实地调查和考察的基础上。特别是关于美国报业融合转型的运作实际，国内长期缺乏这方面的第一手调查资料，需要进行从无到有的补充。本人和几位研究生进行了广泛而深入的实地调研，获得了大量一手资料，有力地支撑了这项研究。调查研究还包括对国内 18 家报社高管的问卷调查，收回 310 份问卷的在线调查，对 104 种代表性报纸社交媒体运营情况以及对约 60 种报纸内容付费情况的调查等。

三、深度访谈法

就已有的个案研究而言，目前国内的文献多于国外。因此，本研究将深度访谈的重点放在美国的报业高管和媒体专家身上，多以半结构方式进行。平均访谈时长在一个小时以上的受访对象包括（按时间顺序）：

《基督教科学箴言报》总编辑 Marshall Ingwerson；网络总编辑 David C. Scott。

《今日美国》（美国印刷版发行量最大的日报）总编辑 David Callaway。

甘尼特出版集团（美国最大报业集团）首席产品官 Daniel Bernard。

《华盛顿邮报》总编辑 Martin Barren；执行总编辑 Emilio Garcia–Ruiz。

费城媒体集团高级副总裁、总编辑 Stan wischnowski；高级副总裁、费城网总编辑 Eric Luken；《费城问讯报》总编辑 Bill Marimow。

世界新闻媒体协会（INMA）首席执行官 Earl Wilkinson。

比罗集团董事长、《达拉斯新闻晨报》发行人 Jim Moroney；《达拉斯新闻晨报》总编辑 Mike Wilson；《达拉斯新闻晨报》高级副总裁 Grant Moise；《达拉斯新闻晨报》高级副总裁、首席数字官 Micki Purcell。

诺拉媒体集团总裁 Ricky Mathews；内容副总裁、《皮卡尤恩时报》总编辑 Mark Lorando；技术副总裁 James O'Byrne；前内容副总裁、前《皮卡尤恩时报》总编辑 Jim Amoss。

《纽约时报》前高级副总裁 Yasmin Namini。

哥伦比亚大学新闻学院道尔数字新闻研究中心研究主任 Clare Wardle。

《丹佛邮报》总编辑 Lee Ann Colacioppo；数字广告主任 Eric Rector；用户发展部主任 Daniel Petty。

麦克拉奇公司（总部位于加州的西部最大报业集团）副总裁 Christian Hendricks；副总裁 Mark Ziaman；《萨克拉门托蜂报》（集团旗舰报纸）发行人 Cheryl Dell；《萨克拉门托蜂报》总编辑 Joyce Terhaar。

《拉斯维加斯评论日报》数字主编 Harrison Keely。

另有访谈时间约半小时的多位美国报业高管和专家。

国内报业的访谈对象，包括《南方周末》总经理姚伟新；《第一财经日报》执行总编辑杨宇东；《中国国土资源报》社长陈国栋；某不愿透露报纸名称的副总编辑；澎湃新闻客户端总编办、并读新闻编务总监汪飞；深圳 ZAKER 常务副总编兼《深圳晚报》总经理周智琛；封面新闻代表、《深圳特区报》广告部总经理潘未末；《晶报》编委黄瑞填等。

四、观察研究法

观察研究包括实地调研时的现场观察，通过长期订阅《纽约时报》《华盛顿邮报》《今日美国》《达拉斯新闻晨报》等数字报和客户端（多数要收费）的在线观察，以及对国内近百种报纸纸媒及其数字端的阅读与观察。

五、比较研究法

比较研究，即在充分掌握中美两国报业融合转型的最新基本情况的基础上，进行两国报业的比较研究。这是本研究贯穿始终的基本方法。

第三节　研究样本

美国方面的研究样本，含宏观、中观、微观三个层次。宏观是以整个美国的报纸产业为集体样本，旨在了解共性和趋势性的融合转型现状。中观是指对美国发行量在5万份以上的日报以客户端开发为目标的研究。微观则是精心挑选的在融合转型方面有所建树的美国10种代表性报纸（代表了全国、区域、本地三种类型的日报）和5家报业集团。10种报纸是:《纽约时报》《华盛顿邮报》《今日美国》《费城问讯报》《达拉斯新闻晨报》《丹佛邮报》《基督教科学箴言报》《皮卡尤恩时报》《萨克拉门托蜂报》《拉斯维加斯评论日报》。5 家报业集团是：甘尼特出版集团、麦克拉奇公司、费城媒体集团、比罗集团、诺拉媒体集团。

国内报纸样本包括具有代表性的 104 种日报（社交媒体运营情况），全部约 60 种先后建立过或仍建有付费墙的报纸，以及人民日报、浙江日报报业集团、澎湃新闻、深圳报业集团、温州日报报业集团、广州日报报业集团等微观样本。

第二章

数字转型：起跑线上的差异

通过文献研究回望中美两国报业朝电子端、数字端方向融合的过程，可发现双方在源头上就有着巨大差异：美国报业早在互联网诞生并商用化前，就对媒体的电子化和互动化趋势有着敏锐的预见，同时也对纸媒的前景表现出超前的担忧，从而进行了多种大胆而可贵的尝试，而那时美国报业的经济还处于强盛期和快速增长期；中国报业的“触电”则完全始于互联网商用化之后，比美国同行晚了约 15 年，而且在最初的 10 年内形式较为单一，主要是申请域名后在互联网设立网站、上传电子版报纸等。而进入 21 世纪后，两国报业逐渐趋同。

第一节　美国报业的早期融合尝试

关于美国报业早期的电子化融合实践，即在互联网商用化之前的种种转型尝试，国内文献鲜有提及。西方一些学者则会在反思报业转型之路时将早期的实践纳入考量，并检讨报业是否曾经丧失一些重要机会。媒体人出身的澳大利亚著名媒介学者基思·赫恩登（Keith L. Herndon）是其中的佼佼者之一。其在《日报的衰落》（*The Decline of Daily Newspaper*）一书中曾详述美国报业始于 20 世纪 80

年代初的融合尝试，该书获得包括《纽约时报》前数字工程主管 Ron McCoy 在内的学界和业界专家的高度评价。

1980 年 7 月 1 日，位于俄亥俄州首府哥伦布市的《哥伦布电讯报》（The Dispatch）通过美联社和计算机分享系统（CompuServe）发布了若干篇报纸文章，被认为是美国“第一份在线报纸”（The first newspaper Online）。而那时全美总共只有 3000 台家用电脑，其中哥伦布市只有约 250 台（Herndon，2012）。[①] 但这并没有动摇报人们向电子化进军的决心。继《哥伦布电讯报》之后，《华盛顿邮报》《纽约时报》《洛杉矶时报》等大型报纸以及《旧金山纪事报》《明尼阿波利斯论坛星报》《圣路易斯电讯邮报》等一批有影响力的区域报纸先后与 CompuServe 签约，提供内容的电子发布服务。1983 年 11 月，美国第二大报业集团奈特 – 里德报团（Knight–Ridder）经两年的局部实验并投入 2600 万美元后，正式推出美国第一个报纸电子平台 Viewtron。用户在电视屏幕上输入信用卡账号（早期美国报纸的电子服务都是收费的）后，可以足不出户享受报纸内容的搜索阅读和包括购物在内的其他互动服务。这是 20 世纪 80 年代初多个主要基于电视屏幕的“视讯文本”（videotext）的代表。Videotext 也称“互动视讯文本”（interactive videotext），是“一种通过电视或电话线路传播数据并在电视或电脑屏幕上显示的信息服务系统”[②]，上世纪 70 年代最先出现在英国。Viewtron 也是“第一个真正面向消费市场的媒介（报纸和电视）与通讯（电话）融合的产品”（Herndon，

---

① Keith L. Herndon, *The Decline of Daily Newspaper*, Peter Lang Publishing, Inc. 2012, p.44.

② Videotext, https://www.thefreedictionary.com/videotext.

2012）[①]。这也是“融合”（convergence）一词第一次被用于描述报业实践。在此之前短短数月的1983年5月，麻省理工学院的普尔（Ithiel de Sola Pool）教授在新出版的《自由的技术》（*Technologies of Freedom*）中提出了被后人广泛引用的“媒介融合”概念。那一年的1月3日，《时代》周刊首度将“年度人物”的封面让位于一位非人类——个人电脑（PC），标题更是改为“年度机器”（Machine of the Year），而非惯例中的“年度人物”，还加了个副标题：（个人）电脑来临（The Computer Moves In）。

图2.1 《时代》周刊1983年封面：年度机器

---

① Keith L. Herndon, *The Decline of Daily Newspaper*, Peter Lang Publishing, Inc. 2012, p.24.

《时代》周刊的时机卡得很准。1975 年，微仪遥感系统公司（MITS）在英特尔 8080 微处理器的基础上开发成功第一台个人电脑 Altair 8800。1977 年乔布斯等推出 Apple II 个人电脑。此后，准将国际（Commodore International）开发出 PET 2001 个人电脑，Radio Shack 推出基于 MOS Tech 6502 微处理器的 TRS–80 个人电脑。[①] 至《时代》周刊付印这期封面的 1982 年底，个人电脑已经获得商业成功，正处于全面起飞的临界点。同时也可以看出，美国报界对个人电脑的普及化趋势和应用前景，也具有可贵的洞见。《时代》封面出台后的第二年（1984 年），美国当时西部最大报业集团时报镜报集团（Times Mirror,《洛杉矶时报》的母公司）上线了类似于 Viewtron 的电子发布系统 Gateway。

20 世纪 80 年代初，电视媒介（特别是刚刚兴起的有线电视）的冲击和信息技术革命的先兆，给美国报人们带来更多的是不安，他们担心在这场革命中遭受严重冲击，于是纷纷展开行动。菲利普·迈耶（Philip Meyer）20 世纪 60 年代借助大型计算机实现的“精确新闻”，到了这时已经变得更加易于操作。那时的计算机“被理解为是基于文字处理的设备，因而与印刷媒体有着更亲近的关系”（Herndon，2012）。[②] 正是在这样的背景下，美国一些主流报纸纷纷开始了各种“融合”尝试，并期望成为电子信息发布的领导力量。1980 年，道琼斯公司推出 News/Retrieval 系统，将旗舰报纸《华尔

---

① Harry McCracken, TIME's "Machine of the Year, 30 Years Later", Jannuary 4, 2013, https://techland.time.com/2013/01/04/times-machine-of-the-year-30-years-later/.

② Keith L. Herndon, *The Decline of Daily Newspaper*, Peter Lang Publishing, Inc. 2012, p.26.

街日报》的内容为客户提供上线服务。《纽约时报》推出“信息银行”（Infobank），提供全部文字内容的电子传播服务。到1985年，已有约50家美国报纸通过自己的系统或第三方设备提供电子化显示的内容服务。美国报业最著名的专业期刊《主编与发行人》（Editor & Publisher）称之为报业产品转型的“技术革命”进程。①

不过，毕竟家用电脑尚未全面普及，过小的用户规模不足以支撑这种有偿的在线延伸服务，美国报业的第一次“融合”冲动于20世纪80年代后期就早早结束了。1983年，《纽约时报》将自己的“信息银行”出售。1986年，奈特－里德报团在累计获得15 000个客户和亏损5 000万美元后，宣布终止Viewtron。同年，Gateway也结束服务。比罗集团（A. H. Belo Corporation）的旗舰报纸《达拉斯新闻晨报》（Dallas Morning News）也在这一年停止了Viewtron的服务，当时该报只有200个电子用户。该报表示，项目失败的原因主要是“缺乏足够的终端”，“一旦终端明显增加，我们还会回来”。②30年后，这家报纸仍然活跃在美国报业转型的第一线，并因三次上马付费墙而受到业界瞩目。比罗集团的董事长兼《达拉斯新闻晨报》发行人吉姆·莫洛尼（Jim Moroney）2016年接受笔者访谈时，曾用多个事实证明该报是转型中最早起步的美国报纸之一（辜晓进，2016）。③

① Keith L. Herndon, *The Decline of Daily Newspaper*, Peter Lang Publishing, Inc. 2012, p.31.

② Id. p.53.

③ 辜晓进：《重走美国大报 / 美国报业转型：颠覆与重生》，南方日报出版社，2018年，第253–265页。

第二节　Web 前后的美国报业融合实践

但美国报业并不甘心这一“失败”，报人们仍坚信信息技术的革命将严重影响报纸的未来，且发行量减少等某些不确定因素已经开始显现，因而在经济状况良好和现金流充足的 80 年代后期至 90 年代初，继续着新的融合尝试。代表性的实践主要是与有线电视及电信部门合作。特别是电话普及和移动电话出现后，报纸开始利用电信技术推出基于声音的信息服务，有点像现在音频新闻在数字端重新崛起。1987 年，美国有包括德州最大报纸《休斯敦纪事报》在内的近 20 家报纸在声讯文本（audiotex）平台提供包括新闻、体育、股票、天气等内容的有偿服务。到 1991 年，全国已有约 600 种日报提供基于电话设备的有偿信息服务，占日报总数的约 1/3（Herndon, 2012）。①

1993 年 5 月初，包括甘尼特公司、奈特－里德报团、论坛公司（Tribune Co.）、赫斯特报团（Hearst Newspapers）、时报镜报集团等顶尖报业集团在内的 17 家报业公司，在麻省理工学院（MIT）的媒体实验室（Media Lab）联合设立了“未来新闻”（News in the Future）项目，打算在未来 5 年内每年投资 200 万美元研究利用电子设备向消费者传播新闻的新方式。计算机制造商 IBM、广播电台

① Keith L. Herndon, *The Decline of Daily Newspaper*, Peter Lang Publishing, Inc. 2012, pp. 98–99.

巨头 Capital Cities/ABC、地方电话供应商“南方贝尔”（BellSouth）和大型广告公司 McCann-Erikson 等第三方机构也积极参与了该项目（Markoff，1993）。[①] 可惜由于合作者内部对报业创新需求的分歧及一些保守势力的干预，这个项目无果而终。西北大学传播学系（Department of communication Studies）教授博奇科夫斯基（Pablo J. Boczkowski）2004 年在一本书中对此评论说：“美国的日报常常对以纸媒为核心的短期可靠项目更有兴趣，而对更加理想主义且可能带来更大回报的长期项目重视不够。”（Boczkowski，2004）[②] 不过，该项目虽然终止了，但由尼古拉斯・尼葛洛庞帝（Nicholas Negroponte）等创办的 MIT 媒体实验室一直存续至今。尼葛洛庞帝后来以《数字化生存》（胡咏译）一书而为国人所熟知。

1991 年，于 1989 年由昆腾公司更名而来的计算机信息服务商 AOL（America Online，美国在线）推出自己的有偿信息在线服务系统，其简化的设计和便捷的上线方式吸引一批著名报刊成为其首批用户。《芝加哥论坛报》的母公司论坛公司最早加盟，并购买了 AOL11% 的股份。纽约时报公司、奈特－里德报团等旗下报纸随后加入，在 AOL 系统设立自己的官方站点，提供有偿信息服务。《芝加哥论坛报》于 1992 年在 AOL 上开设站点 Chicago Online，成为第一个在 AOL 上提供在线信息服务的报纸。奈特－里德旗下位于加州硅谷附近的《信使新闻报》（The Mercury News）于 1993 年 5 月 10

---

① John Markoff, “17 Companies in Electronic News Venture”, *The New York Times*, May 7, 1993.

② Pablo J. Boczkowski, “Digitizing the News/INNOVATION IN ONLINE NEWSPAPERS”, *The MIT Press*, March 2004, p.49.

日在AOL开通Mercury Center，成为第二个AOL报纸站点，收费每月2.95美元。紧随其后的还有甘尼特公司旗下的《今日佛罗里达》（Florida Today）（Shapiro，2011）。[①] 至1995年，与AOL合作的报刊已获得300万订户。AOL也因此宣布自己成为"第一个百万美元级的网络互动服务公司"[②]。其他报纸则通过Prodigy（哥伦比亚广播公司与美国电话电报公司合作开发的数字传播平台）等建立类似的在线信息服务站点，如考克斯集团和时报镜报公司下的《洛杉矶时报》等。与此同时，美国家庭中装备有可通过调制解调器（modem）获得在线服务的个人电脑占比已接近13%。[③]

蒂姆·伯纳斯－李（Tim Berners–Lee）发明的万维网（world wide web，简写www）自1993年4月向全球个人免费开放后，互联网的商业化、大众化应用便迎来高潮。1993年底，美国北卡罗来纳州夏洛特市的《新闻与观察者报》（The News & Observer）创办了基于互联网的网站Nando.net。该网站从1994年1月开始发布报纸内容，成为美国第一家互联网报纸网站。该网站不仅上传本报内容，还为没有网站账号的其他媒体发布在线新闻。而这年的6月9日，《纽约时报》才在AOL开设账户@Times，彼时其与互联网尚未交集（Herndon，2012）。[④]1995年，Nando.net的付费用户（每月20

---

① MchaelShapiro, "The Newspaper That Almost Seized the Future", *Columbia Journal Review*, December 2011.

② Keith L. Herndon, *The Decline of Daily Newspaper*, Peter Lang Publishing, Inc. 2012, p.125.

③ Id. p.129.

④ 辜晓进：《重走美国大报 / 美国报业转型：颠覆与重生》，南方日报出版社，2018年，第447–448页。

美元）已达 600 人，另有通过 95 条电话线路获取服务的用户 7 700 人。这一年，共有超过 150 家美国报纸推出在线版本，在线渠道包括 Web、AOL、Compuserve、Prodigy、Interchange、BBS 等。《今日美国》于 1995 年 8 月 21 日开通 Web 版免费网站，成为第一家在互联网发布报纸全部内容的全国报纸。据《主编与发行人》报道，1995 年美国共有约 330 种在线报纸，其中互联网版 230 种，BBS38 种，AOL、Prodigy、CompuServe 共 45 种。《纽约时报》于 1996 年 1 月 21 日开通 Web 网站。同年 2 月，《芝加哥论坛报》宣布其 AOL 用户达 20.1 万，且已于 1995 年实现在线盈利。同年 3 月 14 日，该报开通美国第一个在互联网上传全部报纸版面的 Web 网站。1996 年 4 月，美国报业协会（NAA）宣布北美共有 175 种日报可以在万维网上阅读。《华尔街日报》则于 1996 年 5 月在互联网开通收费版网站，每年 49.95 美元（Carlson，2009）。①

至此，美国报业已经大面积实现互联网上的在线信息服务。

① David Carlson, "The Online Timeline/A capsule history of online news and information systems", www.Iml.jou.ufl.edu, 2009.

第三节 始于 1995 年的中国报业数字化进程

与美国报业同行相比，中国的报业未经历前互联网时期的电子化探索，而是从 1995 年互联网已经实现大众化服务时才开始起步。从这个意义上讲，中国报业危机意识和融合意识的觉醒，比美国同行晚了约 15 年。但这也使得中国报业在数字化的实践中少走了很多弯路，进而得以在互联网这个伟大平台上很快赶上美国的同行们。

互联网带来了信息全球化，也促进了中国媒体的对外传播。因此，中国最先上网的纸媒，始于两份涉外报刊也就不足为奇了。率先触网的是 1995 年 1 月 12 日在互联网上发布电子版的中文期刊《神州学人》，其作为当时教育部所属专门向海外留学生提供信息服务的媒体，"开了国内互联网信息服务之先河"[①]。第二个是同年 10 月 20 日，《中国贸易报》在互联网开通"电子版"，成为中国第一份上网报纸。该报是日报（周一至周五出版），1987 年 1 月创刊，当时由中国国际贸易促进委员会和中国国际商会主办。虽是率先尝试上网的报纸，但该报的"起点很高，一开始就通过三大渠道向国内外发行：国际互联网、中央电视台图文电视、全国电子信箱信息服务系统"。该电子版用汉英双语发布，由曾在欧洲担任驻外记者多年的总编辑李海

---

① 据神州学人网"神州学人网站简介"，http://www.chisa.edu.cn/rmtabout2/2018 03/t20180308_3014821.html。

燕提议创办，旨在提高新闻时效，促进对外贸易（高扬，2000）。[①]

1996 年 1 月 2 日，《广州日报》电子版通过新加坡报业控股的服务主站“亚洲一号站”正式进入互联网。这是中国最早上网的综合性日报。“电子版上网的第一天，编辑部就收到来自世界各地的大量中英文电子邮件，对能在网上及时看到中国《广州日报》表示兴奋和激动。”[②] 同日，《中国证券报》电子版上线，并开设了一个“公众论坛”实现与读者的互动。该报同时开通无线寻呼台进行播报，用户使用 BP 机即可收看每天的主要新闻。同年 1 月 13 日，《人民日报》对外宣布，其综合数据库国际平台经 3 个多月的调试，现已正常运转。“它把当天《人民日报》《人民日报·海外版》《市场报》的全文内容约 20 万字和部分图片送入互联网络。”到 1996 年底，除了上述报纸，另有包括《解放日报》《南方日报》《新民晚报》《深圳商报》《粤港信息日报》《珠海特区报》《北京日报》《北京青年报》等报纸上线，总共超过 30 种。[③] 这批报纸中，财经和技术类专业报纸占了约半数，如《经济日报》《金融时报》《国际商报》《中国经营报》《中国消费者报》《中国质量报》《深圳商报》《产业信息报》《计算机世界报》《中国计算机报》《国际电子报》《中国电脑教育报》以及前述《中国贸易报》《市场报》等，表明财经类报纸对数字传播有较高敏感度。

---

① 高扬：《第一家电子报纸 / 中国贸易报·电子版》，《中国电子出版》，2000 年第 5 期，第 60 页。

② 《1996 年的中国网络媒体与网络传播首个互联网管理法规出台》，人民网，2014 年 4 月 15 日，http://media.pcoplc.com.cn/n/2014/0415/c40606-24898172.html。

③ 同上。

进入21世纪后，中国报纸在纷纷推出网络版的同时，出现了一股与电信合作的潮流。只不过，这与10多年前美国报纸与电信合作注重声音传播的潮流完全不同，而是一种叫作“手机报”的、以文本为主的移动化传播。这一潮流主要借鉴自日本。1999年3月，《读卖新闻》利用日本最先进的无线互联网服务技术I-mode并与通信龙头企业NTT通信公司合作，开始用手机传输新闻。手机用户订阅该报的费用为每月200日元，用户可享受菜单式的报纸信息服务。随后，《朝日新闻》《经济新闻》《产经新闻》等也参与进来。用户交纳的费用由NTT与各报分成（辜晓进，2006）。[①]2001年7月，《扬子晚报》开通中国第一个短信版手机报“扬子随身看”。2004年7月，《中国妇女报》与中国移动通信公司合作，推出全国第一份彩信版手机报，开创了手机报传送图片的先例。2005年8月8日，中国移动联合新华社广东分社以及广州日报、南方日报、羊城晚报三大报业集团，分别推出可上网的手机报业务。广东省内的移动用户可通过手机上网、彩信、短信等分时浏览各家媒体的内容。此后，手机报在全国迅速普及，并先后出现短信版、彩信版、WAP版（手机上网）和IVR版（语音版）4种版本。上海解放日报报业集团与联通公司合作推出的手机报“i-news”，至2006年订户突破5万人。而最早的《扬子晚报》手机报用户这时自称已达50万人。至2006年，全国各类手机报已超过50种。[②]支撑这一潮流的是，手机报成本低，只需一两个人就可以维持运营，收益却较为明显。一时间，手机报

① 辜晓进：《号称“第五媒体”目前举步仍艰 / 中国手机报试水五年波澜不惊》，《中外媒体动态》，2006年第4期（深圳报业集团内部期刊），第8页。

② 同上。

收入成为各报的新收入来源。但随着手机上网的便捷化和各类社交媒体的出现，手机报的种种弊端渐渐凸显，至2010年后便大幅减少。而美国报业并未经历这样一种手机报的过程。

2006年2月20日，浙江日报报业集团与北大方正集团经王选教授主持下的3年联合开发，推出中国大陆首批数字版报纸，其界面便捷直观、翻阅灵活，鼠标在屏幕上点击之处便出现全文和图片，比此前的图片版或PDF版的报纸大大前进了一步。同年3月13日，《合肥晚报》利用中国科技大学讯飞公司的智能语音数字技术，创办了中国第一份有声报纸。读者只需下载一个软件，便可通过网络收听到该报的新闻，且可以随意选择女声、男声甚至广东话等方言。同年8月1日，宁波日报报业集团创办可互动及多媒体呈现的数字报纸《宁波播报》。同年4月14日，《解放日报》推出“全球第一个”基于荷兰菲利普公司阅读器技术的可按传统版面阅读的便携式可移动电子报纸。[①]不过，随着社交媒体的兴起及智能手机移动上网的普及，《解放日报》的电子报纸和第二年《广州日报》的同类产品以及2012年《南方都市报》推出的“南都派”等专属于某份报纸的移动电子报纸，都以失败告终，早已不见踪影。

对中国报业来说，1995年是网络元年，2006年是数字元年。2007年起，中国的数字化报纸迅速大范围普及，逐渐追上了美国同行的脚步。

---

① 辜晓进：《未来报纸形态呼之欲出》，《传媒观察》，2006年第11期，第16页。

第三章

理念差异：数字优先的转型导向

“数字优先”（digital first），是西方传统媒体特别是印刷媒体因应信息传播方式的巨大变革和媒体数字化转型的紧迫压力而于 10 年前提出的一种新战略理念。根据此战略，美国的报业于近 6 年前加大了实施力度，并促进了转型效果的全面改观；而国内报业的主流虽然也基本认可这一战略，一批“中央厨房”的建立也表明数字优先从理念到实践的转变，但真正常态化践行这一理念者，仍是少数。大多数报纸仍未脱离以纸媒为中心的生产流程。

第一节　数字优先理念的提出

数字化信息传播是近代以来人类信息传播史上最伟大的革命。“革命”之初，伊锡尔·德索拉·普尔（Ithiel de Sola Pool，1983）将其描述为：“一个过去只能通过一种媒介——广播、报纸、电话——提供的信息服务，现在可以用多种物理方式提供。因此那种媒体与用户之间一对一的关系已被瓦解，构成一种传播形态融合（convergence of modes）。”并且他认为：“声音和图像可以用数字脉冲的方式搜集和发送。基于比特序列的计算机逻辑，可以处理包含文本、声音或图像在内的大规模复杂信息，其灵活性远远高于报纸或早期的模拟电子媒体。此类数字记录可以保存在电子记忆设备中，并被转换形式，同时进行远程发布。因此，过去所有只能通过独一或笨拙的非电子方式完成的传播种类，现在都可以用数码模拟。于是，一切传播行为都可以在同一个电子网络里进行。”（Pool, 1983）。[①]

12 年后，尼葛洛庞帝更清晰地将此类传播的基本单元界定为“比特”，其相当于物质世界的基本粒子“原子”，并认为没有重量、可以光速传播的比特构成的数字化过程将成为信息产业的主要形态。他进而预测：信息产业的前途“百分之百要看它们的产品或服务能不能转化为数字形式”（尼葛洛庞帝，1996）。[②]

进入 21 世纪后的媒介发展态势证明了两位大师的早期判断，于是一个推论也就此形成：既然人们获取信息的主要方式已经发生根本改变，而数字平台已成为压倒性的信息来源，那么包括报纸在内的传统媒体向数字平台转移便成为必然趋势。“转型”之说也由此产生，即传统媒体开始进行“一个平台向另一个平台的内容迁移”，与互联网呈现“内容流”（content streaming）似的融合（穆雷，2003）。[③]“21 世纪以来以美国为代表的西方报业的大幅度衰退也证实，转型已是报业无可选择的宿命。”而“数字优先”作为一种逐渐清晰的战略考量，受到越来越多的关注（辜晓进，2017）。[④]

---

① Ithiel de Sola Pool, *Technologies of Freedom*, The Belknap Press of Harvard University Press, 1983, pp. 23, 27–28.

② ［美］尼葛洛庞帝：《数字化生存》，胡泳、范海燕译，海南出版社，1996 年，pp. 22–23。

③ 转引自郭毅、于翠玲：《国外〈媒介融合〉概念及相关问题综述》，《现代出版》，2013 年第 1 期，第 17 页。

④ 辜晓进：《数字优先的报业转型逻辑》，《现代传播》，2017 年第 1 期，第 74 页。

而真正将“数字优先”作为一种概念或战略选择提出来，是在2011年。当年6月，英国的卫报新闻媒体公司（GNM）向员工宣布，公司将实施重大转型，由现在的传统模式转变为一家“数字优先型的组织”（digital–first organization）。总编辑艾伦·拉斯布里杰（Alan Rusbridger）说：“公司将超越报纸，将工作重心、努力方向和投资重点转向数字，因为这才是我们的未来。”《卫报》的母公司卫报媒体集团（GMG）首席执行官安德鲁·米勒（Andrew Miller）同时表示，卫报新闻媒体公司“正在实施一项重大转型，这个转型将见证我们由一个以纸媒为基础的组织变成从理念到实践都体现数字优先的媒体机构”。[①]

来自英国的这一概念很快得到美国同行的响应。数月后，美国一家以“数字优先”为名称的媒体集团宣告成立：数字优先媒体集团（Digital First Media，简称 DFM）。DFM 实际是一家媒体投资控股公司，其投资收购了两家已经申请破产保护的报业集团——媒体新闻集团（Media News Group）和纪事日报公司（Journal Register Co.），以期用“数字优先”的崭新理念为拥有多达 65 种日报（当时日报数量和总发行量仅次于美国最大报业集团甘尼特公司）而陷入困境的这两家报业集团实现脱胎换骨的改造。DFM 的首席执行官约翰·佩顿（John Paton）被认为是美国最先提出这一概念的人，其旗下负责纪事日报公司地方销售的副总裁亚当·伯纳姆（Adam Burnham）于2011年10月18日在其博客对“数字优先”概念做如下解释：

---

① 转引自辜晓进：《西方报业数字化转型的三种路径》，《新闻与写作》，2015 年第 11 期，第 27 页。

“数字优先从根本上讲，是一种建立于内容和受众之间的概念。作为地方新闻媒体，我们必须用最快的方式将内容发布给我们的受众。这些方式毫无疑问是数字的，也即数字第一，纸媒最后（print last）”（Sterling，2011）。[①]

此后，随着《纽约时报》和前进出版集团等美国大型报业集团的纷纷介入，“数字优先”逐渐成为美国报业的热词。

第二节　数字优先的美国报业实践

自 2011 年起，数字优先便成为美国一些主流报纸“集体‘有’意识”的转型实践。这些报纸投入巨大财力并以前所未有的创新勇气强化数字平台，使数字平台的内容传播大于、早于、快于纸媒内容的发布。[②]

在美国，最早提出数字优先概念的数字优先媒体集团（DFM）一直走在前列。2011 年 10 月，在组建新领导团队的同时，DFM 建立了由学界著名专家组成的顾问委员会（Advisory Board），成员包括哥伦比亚大学道尔数字新闻研究中心（Tow Center for Digital Journalism）创始主任艾米丽・贝尔（Emily Bell）教授、纽约大学前新闻项目主席杰伊・罗森（Jay Rosen）教授和纽约城市大学新闻学院互动新闻项目主任杰夫・贾维斯（Jeff Jarvis）教授（Myers,

---

① 转引自 Ellen Sterling: “Digital First：What Does It Mean, And Where Will It Take Us?” *Editor & Publisher*, Dec. 13, 2011.

② 辜晓进：《数字优先的报业转型逻辑》，《现代传播》，2017 年第 1 期，第 75 页。

2011）。[①] 此举显然意在强化数字优先的顶层设计。2012 年初，集团在投资将数字和印刷平台整合为一个统一系统的前提下，将旗下纪事日报公司的"天穹工程"（Project Thunderdome）扩大到集团所有报纸，将总共 100 多种报纸生产的除纯本地新闻之外的优质内容注入一个共享系统，进而通过各地报纸的数字和印刷平台发布。2014 年 1 月，DFM 针对数字优先的不到位，又推出"突破工程"（Project Unbolt）。负责该工程的总编辑史蒂夫·巴特利（Steve Buttry）认为，集团下面那么多"报纸工厂"向数字端推送的内容仍然是"纸媒样式"，纸媒思维在策划、采访、写作、编辑等流程中对内容生产的影响无处不在。因此，"突破工程"不仅仅是确保优先在数字端发布内容，而是要将这些内容以原始的数字方式发布（Kirkland，2014）。[②]

《纽约时报》是和《金融时报》一样在报业转型中呈现积极姿态的国际大报，但却在数字优先的选择上稍稍滞后。该报 2014 年 3 月 24 日向内部发布而被外界广泛披露的长达 97 页的《纽约时报创新报告》（The New York Times Innovation），在历数自己与竞争对手之间的差距时，特别提到了"数字优先"的滞后。报告将"数字优先"列为三大战略建议之一，并用了约 1/5 的篇幅来论述它。报告这样总结自己在这方面的不足："新闻报道总是在一天快结束时才上传。客户端由纸媒部门制作。编辑部门一丝不苟地设计制作版样却极少考虑社交媒体策略。传统报道技巧是用人和营销时最优先考虑的因

① Steve Myers, "Digital First Media names leadership team", Poyner.org, Oct. 25, 2011.

② Sam Kirkland, "How Digital First Media hopes to transform workflow culture of 'newspaper factories' ", Poynter.org, Jan. 31, 2014.

素。一个半世纪形成的习惯与传统成为阻碍数字化转型的强大而保守的力量……。”[①]此后,《纽约时报》加快了以“数字优先”为统领、以流程再造为表现的数字转型步伐，其中最为外界关注的举措之一，便是每日的编前会上取消纸媒讨论。

讨论并决定次日报纸要闻版特别是头版稿件的安排，是该报每日编前会的最主要内容，且已实行了一个多世纪。2001 年 11 月 20 日笔者第一次与《纽约时报》总编辑霍韦尔·雷恩斯（Howell Raines）访谈时，他就说：“我日常做的最多的事情，就是决定每天报纸的头版新闻，特别是头条新闻。”[②]14 年后，情况大变。2015 年 2 月，该报总编辑迪恩·巴奎特（Dean Baquet）表示，该报将不再纠结于纸媒头版的选择，而代之以对数字平台主页内容的精选。2015 年 5 月 4 日，他在给员工的备忘录中宣布，从下周一开始，每日两次的编前会将停止讨论纸质版内容，以集中精力研究数字内容的安排与发布。纸媒的头版排列则交由一位副总编带领若干编辑讨论决定。此举不容小觑，其作为一种象征，确立了数字优先在全报社的重要地位。巴奎特在备忘录中说：“我们就是要确保数字新闻的高品质，让最大多数的读者（指数字读者）获得所有新闻的最佳版本。”（Byers，2015）[③]根据笔者 2016 年春在美国对该报纸媒和全部数字平台两个月的观察，该报无论是对总统大选的日常报道或深度梳理，还是对著名歌星“王子”去世的突发深度报道，都首先出现在数字平台，表明数字优先在该报已经常规化、制度化、生态化。

---

① *The New York Times Innovation*, The New York Times, Mar. 24, 2014, p. 60.

② 辜晓进：《走进美国大报》，南方日报出版社，2002 年，第 41 页。

③ Dylan Byers, “N.Y.Times accelerate digital–first effort”, *Politico.com*, May 5, 2015.

2020年第二季度，该报的总有价发行量已突破650万份，其中570万为纯数字付费订户数字内容的付费订阅。该季度的数字发行收入升至1.86亿美元，首次超越纸媒发行收入的1.75亿美元。①

《纽约时报》的创新报告中还提到其主要竞争对手在数字优先方面的新举措，如《今日美国》为所有采编部门配备了数字编辑；《华尔街日报》在编辑部中央，建立了多达60人的"即时新闻编辑室"（real-time news desk）和由社交媒体编辑和分析专家组成的"受众黏合编辑室"（audience-engagement desk）。② 报告没有提到的是，一些大中城市主流报纸实施的更加激进的数字优先战略。而笔者2016年对美国10多家代表性的报社和报业集团的深度调研发现，所有这些报纸都实现了数字优先的日常化。只有1家报纸（《丹佛邮报》）的总编辑李·安·科拉齐奥普（Lee Ann Colacioppo）承认，其在坚决实施数字优先战略的同时，也会偶尔为纸媒保留重要的独家报道。她说：

> "应当说，我们几乎将所有内容都优先在数字端发布，但偶尔也有例外。（辜：什么情况下会有例外？）例如，有时我们投入较大人力、物力、财力精心制作的一篇调查报道，它极具竞争力，我们就会将它保留，放在印刷版报纸，特别是报纸的星期天刊上优先发表。我们这样做，也是给纸媒订户一个奖励。如果我们反过来，优先在网上及各数

① Marc Tracy, "Digital Revenue Exceeds Print for 1st Time for New York Times Company", nytimes.com, August 5, 2020.

② *The New York Times Innovation*, The New York Times, Mar. 24, 2014, pp. 84–87.

字平台发布，纸媒订户就会觉得，既然如此重要的独家内容都不能让他们先看到，那还要订报纸干啥？但这样做的机会是很少的，毕竟是数字时代，报纸必须转型。”①

第三节　个案：《皮卡尤恩时报》的激进改革

美国报业对数字优先理念的广泛认同，导致一些报纸实施较为激进的改革探索，进而出现一股去纸媒化的潮流。这突出表现在百年老报《基督教科学箴言报》《西雅图邮报》等的停止纸媒出版而全部转为数字发布，以及以前进出版集团（Advance Publications）旗下报纸为代表的大幅压缩纸质报纸出版周期。前进出版集团是纽豪斯家族的媒体资产，包括《时尚》《魅力》《纽约客》《连线》《康泰纳仕旅行者》《诱惑》等世界知名期刊以及遍布全国30多个城市的日报。2014年，该集团被《福布斯》评为美国第44名最大私营企业。从2009年至2013年，该集团先后将旗下在美国4个州共12个城市的日报投入强化数字出版和大幅削减纸媒出版的大规模改革实践。其中，位于美国第二大港口城市新奥尔良的最大报纸（也是路易斯安纳州的最大报纸）《皮卡尤恩时报》（The Times-Picayune）的改革产生的冲击力最大，最受全国新闻界和学界关注，因此被列为笔者的重点调研对象。

① 辜晓进：《重走美国大报 / 美国报业转型：颠覆与重生》，南方日报出版社，2018年，第421页。

《皮卡尤恩时报》创刊于 1837 年 1 月 25 日。在该报改革前美国发行量前 25 名的报纸中，只有《纽约邮报》的历史早于该报。著名作家欧·亨利（O. Henry）、威廉·福克纳（William Faulkner，1949 年诺贝尔文学奖得主）等都曾担任该报记者。塞缪尔·克莱门斯（Samuel Clemens）在密西西比河当水手时也成为该报的自由撰稿人，其笔名“马克·吐温”（Mark Twain）便首次出现在该报。2005 年 8 月，新奥尔良市遭受美国史上最强烈的顶级飓风（5 级）的袭击，密西西比河多处决堤，全城被淹。报纸多日停刊，但却依靠报纸的官方网站 Nola.com 实现每日出版和对灾情及救灾新闻的即时传播，网站流量从飓风前的每日 80–90 万，大幅上升至飓风期间及飓风后的每日 3 000 万。该报这期间的数字化报道于第二年获得了普利策奖，这也成为该报后来推行激进数字优先改革的重要起因。

2012 年 9 月，该报实施组织重建，将资源大幅度向数字平台倾斜，将原有的报纸和网站改组为诺拉媒体集团（NOLA Media Group，简称 NOLA），原为当地媒体老大的《皮卡尤恩时报》成为集团的二级机构，Nola.com 成为新闻主平台并得到加强和扩充。同时将原先的“新闻编辑部”（Newsroom）改组为“内容编辑部”（Content Room），一切原创内容都交由该部门生产。进而将报纸每周出版 7 次的周期大幅削减至每周 3 次，即在周五至周日读者人数最多的这三天里出版，所有新闻都优先向网站及移动平台发布，纸质报纸仅从网站上一个内部共享系统获取内容，同时处理通讯社的来稿，纸质版员工压缩至仅剩 30 名编辑。对这场伴随约 200 名员工离职（部分后来又被聘回数字平台）而产生很大阵痛甚至也引起部分市民不满（这座城市在长达一个半世纪里第一次没有每天出版的纸质版日报）的改革，集团总裁瑞奇·马修斯（Ricky Mathews）在接受笔者采访时给予很高的评价。他将这次改革称为“数字海啸”，说“结果我们赌赢了”。据他介绍，笔者造访的时候，Nola.com 每月的独立访客量已达 800 万，月流量超过 5 400 万，比卡特里娜飓风期间的高峰期还增加了 50% 以上。集团网站和报纸数字版的当地受众抵达率在同等规模城市的报纸网站中名列全国第一。同时，他们实现了在数字平台上分类广告的部分回归（辜晓进，2018）。[①]

美国新闻界将该集团的改革模式归纳为以下五个特点：

1. 大规模裁员以降低成本并适应数字化内容生产；
2. 弱化纸媒生产和发行；
3. 剥离旧业态；
4. 通过数字渠道而非纸媒，确保日常新闻的供给；
5. 保持数字平台的免费进入。[②]

第四节　中国报纸：有限度的数字优先

中国报业虽然没有明确打出数字优先的旗号，但大多数报纸都在实际行动中或多或少体现了对这一理念的认同。2014 年，包括《东方早报》《华西都市报》《新京报》《新民晚报》《深圳晚报》等在

---

① 辜晓进：《重走美国大报 / 美国报业转型：颠覆与重生》，南方日报出版社，2018 年，第 285–304 页。

② Kevin Hamm, “Digital First: A Look at Advance Publication’s Strategy”, Denvernewspaperguild.org. June 28, 2013.

内的国内一批知名都市类报纸，不约而同地“改弦更张”，“集中精力做深新闻，做透分析，做强评论，而大幅减少乃至放弃碎片化的动态信息——这些都交由报纸的网络版优先刊载”。[①] 这一改变的实质是，将动态化的传统报道内容部分或全部实施数字优先。近年随着社交媒体扮演起传播信息的主要角色，很多报纸直接提出了“移动优先”的口号，而移动优先正是数字优先的升级版。

可以说，对动态性稿件采用数字优先策略，在中国报界基本没有异议。但对深度报道、重要稿件特别是独家新闻的处理顺序，则分歧较大。笔者 2019 年 10 月在自己所在的中国报业协会建立的一个报纸“社长总编”微信群里做过一个小调查，其中一个问题是：“如果你们完成了一篇独家或重要新闻稿件后，会赶在纸媒出版之前先在报社的新媒体上发表，还是留给纸质报纸首发？为什么？”这一问题得到 18 位社长、总编辑的回应，有的回应多次，并在群里展开了热烈的讨论。为方便观察和统计，笔者将“会不会”和“为什么”分别以“问题 1”和“问题 2”显示。回应结果见下表：

表 3.1　部分报纸社长总编对数字优先的态度

序号	姓名/网名	单位	职务	回复问题1	回复问题2
1	老郝	中电传媒	总经理	会优先在新媒体上发表。2017年初时，还是报纸先发，2017年下半年尝试新媒体先发，之后逐渐成为常态。	新媒体优先正在成为主流。

① 辜晓进：《报纸：“有所不为”策略下的价值回归》，《传媒评论》，2014 年第 1 期，第 74 页。

（续表）

序号	姓名/网名	单位	职务	回复问题1	回复问题2
2	王永奇	保定河青传媒	总经理	现在的新闻，先发报纸？要么有其他目的，要么是选择失误。	我们收客户的钱，是与阅读量挂钩的。所以，要提高阅读量，就应……（数字优先）。
3	李广西	《柳州日报》	副总编	如果是独家，我会先发纸媒或同步。	独家报道意在强化媒体品牌的传播力。既然是独家，就有选择品牌的自由。我们目前的盈利点和影响力来源仍是《海西晨报》品牌，所以我们对独家新闻会先发纸媒再发新媒。
4	余桂兵	丹阳融媒体中心	总编辑	我们是做两篇稿件，都力争在第一时间发。	新媒体和纸媒话语体系不同，稿件的呈现方式不一样。新媒体更活泼，重视图片和视频。谁抢占第一落点，谁就占据传播主动权。
5	许新晓	《黔西南日报》	社长、总编辑	先网后报。	
6	冯军平	《宝鸡日报》	社长	移动优先！	
7	徐文君	中国报协	品牌推广部主任	现在要求移动优先，但从情感上讲，如果确系独家，我更愿意给报纸先发。	
8	蔡伟达	《嘉兴日报》	社长	看各自需要。我是比较看重纸媒的，也一直没放弃纸媒。	主要靠纸媒赚钱。今年纸媒利润增长10%基本没问题。
9	刘道明	商丘报业	社长	第一时间手机新媒体发。	

（续表）

序号	姓名/网名	单位	职务	回复问题1	回复问题2
10	徐文君	中国报协	品牌推广部主任	分题材，消息一般新媒体先发，通讯一般报纸先发。分内容，有些内容适合新媒体，有些内容更适合报纸。	
11	赵治国	《济南日报》	副总编	独家新闻多采用移动优先的原则，新媒体首发。但也有少数影响重大的独家新闻，我们采取雪藏在报纸上首发，然后引爆移动端，形成纸端与指端的互动传播，扩大影响力。	
12	徐荣年	金昌新媒体中心（甘肃）	主任	同意（赵治国），相时而动，怎么利于总体传播效果最大化，怎么来。	
13	华小波	《浙江日报》	未标职务	移动优先	
14	陈波	《苏州日报》	副社长	移动优先	网络传播力强。
15	金乐敏	《三亚日报》	原总编辑	如果是消息稿，就以时间优先原则，在网站或App上先发。如果是长篇通讯稿，那就留给报纸发。	因为长篇重头稿最需要报纸版面容量且无需时间优先的比拼。
16	林文雄	《台湾导报》	社长	既然是独家，当然应该马上发表。	纸媒太慢了。

（续表）

序号	姓名/网名	单位	职务	回复问题1	回复问题2
17	刘正红	《黔中早报》	总编辑	对于常规报道，我们以动态新闻的方式在网端发布，而纸质版则对当天信息有所遴选，有一定看点的才刊登。独家题材（相对来说较少）则确保纸质版出来再在新媒体平台推出。还有介于二者之间的操作，即一部分有看点的内容，先在网端发消息，引起注意，而以此相关的更丰富信息，则安排记者补充完善，在报纸上发表。	争取两边都有浏览率。
18	黄毓斌	《海西晨报》	社长、总编辑	独家新闻会先发纸媒再发新媒。	独家报道意在强化媒体品牌的传播力，既然是独家就有渠道选择的自由。在有选择的情况下，我们优先强化自己的核心品牌。无论是新媒体还是传统媒体市场中，纸媒的核心品牌都是自己原来的报纸，除非像封面、澎湃一样已经实现了整体转型。我们目前最强的盈利点和影响力来源，仍然是《海西晨报》品牌。

来源：辜晓进记录并制表

以上小调查中，有 8 位老总明确表示会数字优先，占比 44%，不到一半；其余则表示要区别对待，体现的是对完全数字优先的犹豫。这基本符合我对中国报业现状的观察，即对待重要或独家深度报道，多数报纸仍倾向于留给纸媒先发。而《黔中早报》总编辑刘正红将“有看点”的新闻先在网上发布，引发关注后再“派记者补充完善，在报纸上发表”的做法，已被普遍接受。例如《长江日报》2017 年 4 月的一篇备受好评的独家报道《全职妈妈索误工费 3 年终胜诉 法院认定家务劳动属于隐性收入》，就采取了类似做法。该报从读者爆料中获得线索后，首先在新媒体平台发表消息《打了三年的官司最后实得几十元！》，很快引发网友热议。接着该报让记者对原稿“重新进行了打磨，并将原稿拆分成了一篇消息和一篇对话，同时配发了一篇网友精彩留言的摘录”，用专题报道的形式在纸媒刊出（朱建华，2018）。[①]而《海西晨报》社长兼总编辑黄毓斌关于纸媒仍是品牌核心因而独家新闻仍应用来强化核心品牌的观点，也很有代表性。

中国也有较为激进的改革者。《中国青年报》总编辑张坤提出“移动唯一”的概念，认为要“把‘纸 + 网’的‘相加’观念彻底抛弃，做融合为一的真‘愚公’，努力以‘愚公’移报精神”，“转报树‘业’，移报为‘屏’……，使可持续发展的移动化全新盈利模式成为可能”（张坤，2017）。[②]在实践中，中国也确实出现了类似美国一

---

① 朱建华：《〈长江日报〉：一篇报道诠释移动优先战略》，《中国新闻出版广电报》，2018 年 6 月 5 日。

② 张坤：《“融媒小厨”指向“移动唯一”》，作者个人微信公号“坤哥 007”，2017 年 4 月 26 日。

些同行那样弃纸转网的极端个案，最突出者是上海的《东方早报》。该报在其母集团上海报业集团的大力支持下，于2014年上线“现象级”的新闻客户端“澎湃新闻”及PC端网站。至2016年底，该客户端的下载量已超过6 000万，移动端日活跃用户达500万，“在原创力、传播力、影响力等媒体核心指标方面都已经完全覆盖和超越了《东方早报》,《东方早报》具备了告别纸质版、实现向互联网新媒体彻底转型的条件”[①]。2017年1月1日起,《东方早报》开始休刊，“原有的新闻报道、舆论引导功能，将全部转移到澎湃新闻网”[②]。与美国同行不同的是,《东方早报》是在有了强大的新闻客户端、移动受众市场占有率较高的情况下转网的，其胜算应该更高些。数据显示，澎湃客户端在转网近两年后的2018年底，下载量达1.46亿，移动端日活跃户数超过1 000万。[③]

但也有报纸“转网”后意味着死亡。如和《东方早报》纸质版同时休刊的《京华时报》，虽然在2016年12月31日最后一期的“致读者”《我们只是转身 我们不会离去》中说将“全面转型新媒体”，但从近年该报官方网站的表现看，这份曾经非常优秀的报纸真的已经死去，网上看不到任何转载自该品牌的信息。笔者2019年和2020年多次打开该报官网，其主页的信息都非常陈旧，且内容的选择莫名其妙，显示其已经丧失真正意义上的内容生产。例如2020年3月

① 《东方早报整体转型，澎湃新闻引进6.1亿国有战略投资》，澎湃新闻，2016年12月8日。

② 同上。

③ 摘引自“界面·财联社财经年会”上海报业集团党委书记、社长裘新的演讲，2019年2月21日。

17 日的该网主页上，资讯头条还是 5 个月前的《深圳市举行庆祝新中国 70 华诞大型焰火晚会》，其余新闻也是胡乱选择，仿佛生活在另一个世界。如首页的“资讯”和“热评”皆远离当前热点，半数内容都是驻马店、商丘等河南地方新闻。总体质量与当初的《京华时报》判若云泥。后经打听得知，该报各新媒体平台已经于 2018 年 6 月前后解散了。所谓“转型”，已成过眼烟云。

图 3.1　京华时报网主页内容

来源：2020 年 3 月 17 日京华时报网主页截图

对大多数中国报纸而言，数字优先在实践中仍处于较落后状态。2016 年 12 月，笔者带领两位研究生对全国 104 种有代表性的日报做了社交媒体使用情况的调查，发现作为各报都较为重视的微信公众号，普遍在纸质报纸出版之后才首次更新当日内容。63% 的微信公众号首次发布于上午 9 点至晚上 9 点前，其中高峰时段为中午 12 点至下午 3 点之间。有 63 个公众号（占比 60%）一周内从不在上午 9 点前发布微信。有 14 个报纸公众号平均每天在上午 9 点前发布 1 次微信，其中只有 2 个样本在上午 9 点前平均更新超过 1 次，分别是《人民日报》(1.86 次）和《钱江晚报》(1.14 次)。有 9 个样本（占比 8.6%）一周内几乎全部或至少 6 天都是在下午 6 点后才首次更新当日微信公众号。[①] 如此滞后的微信发布，完全体现不了数字优先或移动优先。考虑到大多数报纸微信公众号是带有报纸全部数字版内容的，则这些版面发布的时间也远远晚于纸媒。

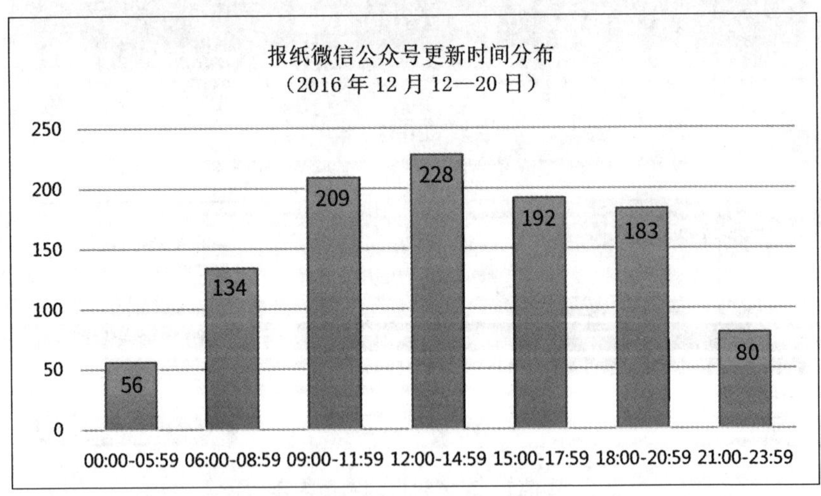

图 3.2 全国报纸微信公众号更新时间分布

来源：徐蔓、张鑫瑶统计并制图

① 辜晓进、徐蔓、张鑫瑶:《作为报业转型突破口的社交媒体战略——基于对国内 104 家代表性报纸的“两微”表现》,《新闻与传播研究》, 2017 年第 8 期，第 81–82 页。

第五节　本章小结：纠结中的数字优先

由以上论述可知，在美国报界，数字优先战略正呈现理念先行而实践全覆盖的趋势。就理念而言，数字优先不仅符合信息产业发展的大趋势，也契合数字传播的内在逻辑，更是过去转型教训的经验总结。但也存在一种悖论，即目前无论中国还是美国，纸质报纸仍是绝大多数报纸的主要收入来源，去纸媒化或完全放弃纸媒，都会削弱或阻断来自纸媒的现金流。这使得美国报纸不敢贸然走向“数字唯一”，对纸质版普遍不敢言弃。中国报纸由于普遍尚未在数字端获得稳定的收入，更不敢向数字端完全倾斜。

从发展趋势看，21 世纪后新媒体的发展势不可当，印刷报纸的地位一落千丈。纸质报纸作为内容提供者的地位，已经全面落后于数字媒体。数字媒体的飞速发展，与纸质媒体的急剧衰落，形成了不可逆转的剪刀差。在这种情况下，放弃数字优先而坚持纸媒优先，岂不逆势而亡？因此，数字优先战略完全契合信息发展的大趋势，这是显而易见的。甚至，将数字与纸媒并驾齐驱置于同等地位，也难为大势所包容。

从内在逻辑看，所谓转型，只是报纸等传统媒体的单方向行动，即由非数字媒体向数字媒体转变。数字媒体本身包容了从文字、图像到音频、视频等所有形态的信息呈现形式。报纸有的，数字都有；报纸没有的，数字更有；报纸有而数字也有的，如图片，数字更好。数字媒体或新媒体从不提“转型”二字，甚至也不提“融合”二字。

所谓融合发展，只是报纸的单相思，是报纸融入数字，而非相反，尽管数字媒体在内容生产乃至网页设计上可以借鉴纸媒的经验（如《赫芬顿邮报》）。“既然向数字方向融合的方向已不容置疑，则以数字为先导、以数字为出口、以数字为传播符号而部分甚至全部放弃原有媒介形态的数字优先，便是报业转型的题中应有之意。转型要改变的，正是纸媒的原有基因和内部生态。转型要屈从的，也正是数字媒体和数字受众的全部要求。这两点做不到，转型就是无稽之谈。”（辜晓进，2017）①

从经验教训看，报纸在拥抱新媒体和数字化转型上已经吃了很多苦头。早期报纸虽然开办网站、上传网络版，但作为实力雄厚的媒体强者，却不愿在网络开发上创新投资、花力气或与科技公司合作，而长期将网络内容作为纸质媒体可有可无或锦上添花的附庸，结果为雅虎谷歌们创造了市场机会。进入 21 世纪后，报纸虽然顺应移动发展趋势而开发出手机报和缩微版面的电子报，但只是“转形”而非“转型”，即转变的只是媒介的外在形态和增加了发布渠道，而未包含媒介的内生结构。直到今天，很多报纸的数字平台内容，仍主要是纸媒内容的衍生品。现在已经到了纸媒生死存亡的关键时刻，在向数字化转型方面，似乎已经容不得继续的犹豫和首鼠两端。②

但问题在于，对绝大多数报纸特别是中国报纸而言，纸媒迄今仍是最主要的收入来源。尽管纸媒无论是发行还是广告的收入都在滑坡，但百足之虫，死而不僵。根据 2019 年世界报业协会的趋势报

① 辜晓进：《数字优先的报业转型逻辑》，《现代传播》，2017 年第 1 期，第 77 页。

② 同上。

告（WPT 2019），2018年全球报业的纸媒收入（含发行和广告）仍占报纸总收入的85.3%，总额达1 231亿美元，尽管纸媒广告和纸媒发行收入同比分别下跌7%和3%；报业的数字收入（含发行和广告收入）虽然同比各增长了11%和5%，但总额只有181亿美元，仅占总收入的14.7%。[①]对中国报纸而言，虽然迄今尚无面上综合统计数据，但根据中观和微观的观察了解，大多数报纸客户端和网站等新媒体平台既未实施内容收费（详见第六章），广告收入也少得难以列入统计（详见第六章）。因此，数字优先在中国报业阻力更大，他们不敢轻易采取以去纸媒化为导向的数字优先行动。

这方面，美国报人也有纠结。美国西部最大报业集团麦克拉奇公司副总裁马克·齐曼（Mark Zieman）在接受笔者采访时说：

> "我们同时在做三件事。第一件是，我们努力实现数字收入的两位数增长，也就是快速的增长，以弥补纸媒收入的减少。第二件是，我们努力削减传统媒体方面的开支，也是越快越好，以腾出更多资源发展数字商业。第三件是，我们努力实现数字受众的增长，同样是增长得越快越好，因为我们是数字公司，我们必须发展数字受众，这是我们未来的本钱。你会发现这三件事其实是有矛盾的，你会顾此失彼。因此对我来说，最难之处就是平衡这三者之间的关系，而你必须平衡好。例如，你不能太快地去纸媒化，因为它们还在赚钱。但你也不能在纸媒方面动作太慢，因

① "World Press Trends 2019", WAN & IFRA REPORT, October 10, 2017, pp. 7–8.

为这样会损害你向数字端快速转型的努力。你在去纸媒化上动作太快、走得太远，你的收入会明显减少。如果你走得太慢，你会丧失数字机会。”[①]

与中国报业不同，美国的绝大多数报纸都执着地走上了数字优先的道路，因为就连最乐观的美国报人也承认，纸媒的收入继续减少的趋势不可能逆转，数字平台取而代之是迟早会发生的事。莫洛尼是比罗集团的董事长兼《达拉斯新闻晨报》发行人和总裁，一直是对纸媒近期未来抱有信心的知名报人（该集团近年把广电资产也卖掉而保留了纸媒）。他回答笔者关于报纸未来的提问时说：

“我确信，会有一天，我们不再是纸质报纸的生产商。这一点是确定的。但你看（在纸上画图），现在尽可能多地从数字订阅、移动广告、数字营销广告三个方面获取收入，这都是去纸媒模式的。……纸不重要，新闻才是最重要的。一旦人们不再需要从纸质报纸上获取新闻，我们就要完全转入数字平台，我们就要建立基于数字平台的商业模式。这个趋势是明显的，所以我们现在就要开始做。”[②]

---

① 辜晓进：《重走美国大报 / 美国报业转型：颠覆与重生》，南方日报出版社，2018年，第441页。

② 同上书，第264–265页。

第四章

社交媒体作为转型突破口

美国的社交媒体以诞生于1995年的同学社交网 Classmates.com 为起点，至1997年上线的更具社交特性的六度空间网 Six Degrees.com，再到第一个用户规模达到百万级的交友网站 Friendster（2002年上线），直至2004年 Facebook 问世，逐渐成熟。

社交媒体作为一种大众喜爱的 UGC 媒体，主要从2006年 Twitter 上线后引起报业的重视，并很快为报业所用。智能手机问世后，社交媒体从 PC 走向移动端，更是引发了民众的一场持续至今日的社交狂欢。同时，社交媒体作为报业通过移动平台抵达民众的最重要手段，也成为报业融合转型的利器。2015年，美国主流日报在 Facebook、Twitter 和 Instagram 三大社交媒体平台产生了3.72亿条互动信息（点赞、评论、分享、转发），较上年增长116%，远高于全部社交媒体互动信息35%的增长率。[①] 美国学者将这类互动定性为能产生黏性（engagement）的信息。[②]

这种"黏性"对报纸在转型和建立基于数字平台的新商业模式具有特别重要的意义。可以说，中美两国的报业在利用社交媒体方

---

① Jack Weinstein, "The Top Daily Newspapers on Social", Shareablee.com, March 4, 2016.

② Alex York, "What Is Social Media Engagement & Why Should I Care?" Sproutsocial.com, October 28, 2015.

面，都经历了从将其作为新闻来源、将其作为新闻分发平台，再到通过其拓展受众规模的共同阶段。所不同者，中美报业在利用社交媒体方面，无论是起步时间、平台数量还是账户规模，都存在较大差异。

第一节 美国报业：社交媒体从新闻来源到用户拓展

一、社交媒体作为新闻来源

早在 Twitter 问世后仅 3 年的 2009 年，Facebook 在美国国内的月独立访客总量（UV）尚不到 7 000 万（还不如目前《纽约时报》一报的月 UV），当时社交媒体的主战场还在 PC 端，而报纸的移动新闻客户端才刚刚出现。这时就有专家认为：社交媒体可被用来拯救报业并在报业转型中扮演重要角色（Lewis，2009）。[①] 彼时，美国报业广告出现半个多世纪以来最大跌幅，读者大量流失，"扩大读者群成为报业利用社交媒体的最明显理由"（Ju，2010）。[②] 截至 2009 年 11 月 23 日，《纽约时报》Twitter 和 Facebook 账户的粉丝量分别

① Woody Lewis, "10 Ways Newspapers are Using Social Media to Save the Industry", Mashable.com, Mar. 11, 2009.

② Alice Ju, "Evaluating the Effectiveness of Facebook and Twitter as New Publishing Platforms for Newspapers", *Texas Scholar Works*, The University of Texas at Austin, May 2010, p.1.

高达 211.62 万和 48.30 万，远超位居第二、第三名的《洛杉矶时报》的 4.54 万和 4 924 万，以及《华盛顿邮报》的 3.81 万和 1 114 万。[①]《纽约时报》的成功后来为各报纷纷效仿。而大型报业集团甘尼特公司干脆收购了当时也很成功的社交网站 Ripple 6。

起初，美国的报纸乃至所有传统主流媒体，都把社交媒体作为一种新型新闻源对待。在 2011 年一项调查中，95% 的记者称自己经常或有时通过 Twitter 等社交媒体获得新闻源，“社交媒体已成为一种可靠的获取新闻线索的工具”。甚至 2011 年 5 月本・拉登被击毙的消息最早就是 Twitter 发出的，甚至早于奥巴马总统就此重大事件进行的官方新闻发布会，原因就在于国防部长拉姆斯菲尔德的前幕僚长在自己的 Twitter 账户抢先发布了消息。（Middleberg，2011）。[②]美国德克萨斯大学奥斯汀分校的 Soo Jung Moon 博士和俄亥俄大学的 Patrick Hadley 博士对《纽约时报》《华盛顿邮报》和美国三大广播公司及福克斯新闻、CNN 共 7 家全国主流媒体 2010 年 9 月至 2011 年 8 月的产出内容进行了调查，结果发现有总共 946 条新闻是以 Twitter 为消息来源的，平均每天发布 11.2 条基于 Twitter 的新闻。其中，使用率最高的是 CNN（389），其次是《纽约时报》（238）和

---

① Alice Ju, “Evaluating the Effectiveness of Facebook and Twitter as New Publishing Platforms for Newspapers”, *Texas Scholar Works*, The University of Texas at Austin, May 2010, pp. 10–11.

② Society for New Communications Research, “How are media and journalism evolving?”, *The 3rd Annual Middleberg / SNCR Survey of Media in the Wired World*, November 4, 2011, pp. 10, 38.

《华盛顿邮报》(113)。[①]

西方其他国家的媒体实践也证明了社交媒体作为新闻源的作用。有学者对比利时两家主流报纸 2006 年至 2013 年来自 Facebook、Twitter 和 YouTube 的新闻源进行了调查，发现两报早期对 3 个社交媒体的新闻源采用都呈明显上升趋势，直到 2012 年后才趋于平稳 (Paulussen & Harder，2014)。[②]

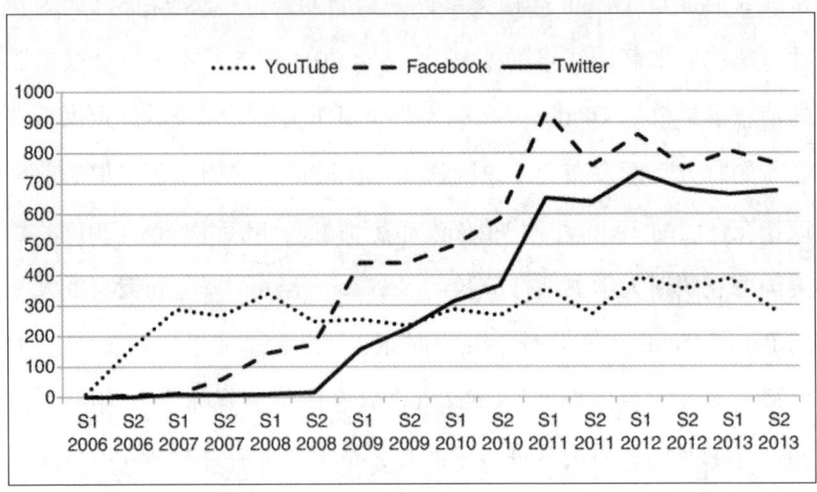

图 4.1　比利时两家主流报纸使用 YouTube、Facebook、Twitter 情况

来源：Steve Paulussen & Raymond A. Harder, August 2014.

① Soo Jung Moon & PatrickHadley, “Routinizing a New Technology in the Newsroom: Twitter as a News Source in Mainstream Media”, *Journal of Broadcasting & Electronic Media*, Volume 58, 2014 Issue 2, pp. 289–305.

② Steve Paulussen& Raymond A. Harder, “Social Media References in Newspapers / Facebook, Twitter and YouTube as Sources in Newspaper Journalism”, *Journalism Practice*, Volume 8, 2014 Issue 5, pp. 542–551.

二、社交媒体作为新闻分发平台

随着社交媒体用户的迅猛增加，报业很快意识到，将其作为新闻发布的平台可以有效扩大报纸品牌的影响力。特别是对于需要 24 小时才能更新一次的纸质报纸而言，社交媒体的即时通讯功能受到极大的重视。由是，美国主流报纸无不将开发社交账户和拓展“粉丝”用户作为转型发展的重要抓手，同时将内容向纸质报纸订户以外的更广大人群发布。

报纸大面积入驻主流社交平台后，已不再限于将其作为新闻来源，而是采取更主动的姿态，挖掘其在内容生产（UGC）、内容分发、多层次品牌营销、大范围互动等方面的潜在功能。2010 年 10 月，美国新闻博客 Jouranalistics 公布了发行量前 25 名日报的 Twitter 粉丝量排名。前 5 名分别是《纽约时报》(2 668 948)、《华尔街日报》(464 591)、《华盛顿邮报》(204 514)、《洛杉矶时报》(83 335)、《今日美国》(72 929)。[①] 这个排名中，人们发现纸媒发行量排名与社交媒体的粉丝量排名并不相称。如《今日美国》和《华尔街日报》的发行量排名都在《纽约时报》之前，粉丝量却远远少于后者；《洛杉矶时报》的纸媒发行量超过《华盛顿邮报》，粉丝量却不到后者的一半。这使报人们意识到社交媒体有很大的拓展空间，以及将其作为新闻分发平台对自身品牌拓展的重要作用。Armstrong 和 Gao（2010）注意到社交媒体普遍被新闻行业作为内容分发工具，并发现

---

① Jeremy Porter. “Top 25 U.S. Newspapers on Twitter”, Blog. jornalistics.com, October 19, 2010.

不同地域、不同形式的新闻媒体在使用社交媒体上存在较大差异。[①]

徐蔓作为我的学硕研究生参加了相关研究，并在我的建议下将对美国报纸社交媒体战略的研究列为学位论文主题。她选取美国 7 家全国、区域和地方日报作为样本，用连续日期抽样法，观测其在 Facebook（2018 年 3 至 8 月，连续 22 周抽取的一个“构造周”）和 Twitter（2018 年 7 月 28 日至 8 月3日，一周）上原生新闻的发布情况。调查发现，7 家报纸在两个平台的日均发布数量都在 20–50 条，这一数字与 2009 年对美国排名前 100 名的报纸平均每日 11 条的发推频率相比有了大幅提高。[②] 其中，《纽约时报》和《华尔街日报》发布量最大。

	《纽约时报》	《今日美国》	《华尔街日报》	《洛杉矶时报》	《华盛顿邮报》	《丹佛邮报》	《皮卡尤恩时报》
Facebook 发布数量	352条	296条	316条	193条	287条	192条	289条
平均每日发布量	50.3条	42.3条	45.1条	27.6条	41条	27.4条	41.3条
Twitter 发布数量	272条	236条	305条	193条	371条	142条	198条
平均每日发布量	38.9条	33.7条	43.6条	27.6条	53条	20.3条	28.3条

图 4.2 美国 7 家日报 Facebook 和 Twitter2018 年日均新闻发布量

来源：徐蔓调查、制表

① C. L. Armstrong & F. Gao, “Now Tweet This: How News Organizations Use Twitter”, Electronic News. 2010.

② A. Rindfuss, “The use of Twitter by America’s newspapers”, *The Bivings Report*, December, 2009.

三、社交媒体与拓展受众

报业转型的关键是如何在数字平台获取尽可能多的受众，进而为建立新的商业模式打下基础。因此，美国报业近年更看重社交媒体在获取受众、强化用户黏度上的作用，相关的调查研究也较为丰富。Hong(2011) 对美国 337 家主流报纸社交媒体使用情况的调查，比较了社交媒体、搜索引擎以及新闻聚合 App 为报纸网站带来的流量。调查发现，社交媒体使用频率与数字流量和在线读者互动呈现明显的正相关关系。①

经过多年的拓展，美国主流报纸在社交媒体上以粉丝量为代表的稳定受众量已经大幅提高。根据徐蔓对上述美国 7 报截至 2018 年 8 月的调查统计，《纽约时报》在 Twitter 上的粉丝量已由前述 2009 年的 28 万增加至 2018 年 8 月的 4 183 万。其他各报粉丝量见下表：

	《纽约时报》	《今日美国》	《华尔街日报》	《洛杉矶时报》	《华盛顿邮报》	《丹佛邮报》	《皮卡尤恩时报》
Facebook	1 638万	775万	626万	275万	619万	43万	42万
Twitter	4 183万	364万	1 588万	325万	1 272万	43万	22万

图 4.3 美国 7 大报纸 Facebook 和 Twitter 粉丝量（截至 2018 年 8 月）

来源：徐蔓调查、制表

① S. Hong, “Online news on Twitter: Newspapers’ social media adoption and their online readership”, *Information Economics& Policy*, March 2012, p.72.

除了粉丝数量，社交平台还提供了三种互动指标（转发数、评论数、点赞数），让报纸直观地看到用户对其发布内容的评价。这被视为最能体现报纸社交平台用户黏性的指标。本研究的观测显示，报纸社交账户所获得的互动数量与其母报的品牌影响力有紧密关系，如知名大报《纽约时报》《华盛顿邮报》等在平台上平均每条内容的评论、转发、点赞数都在百、千次以上，而地方性报纸《丹佛邮报》的相应数字都在个位数。这三种互动指标在反映互动的质量方面也有差别，通常认为评论数是最重要的互动指标，因为评论需要用户经过思考提出自己的观点意见，是具有内容可见性的互动，而用户的点赞与转发行为操作简单，因此所有报纸收获的评论数都远小于点赞数和转发数。值得注意的是，为防止受众滥用点赞（Like）和其他用户跟风点赞，Facebook 和 Instagram 等美国社交媒体已从 2019 年 9 月起隐藏点赞功能（仅被点赞者个人可见）。

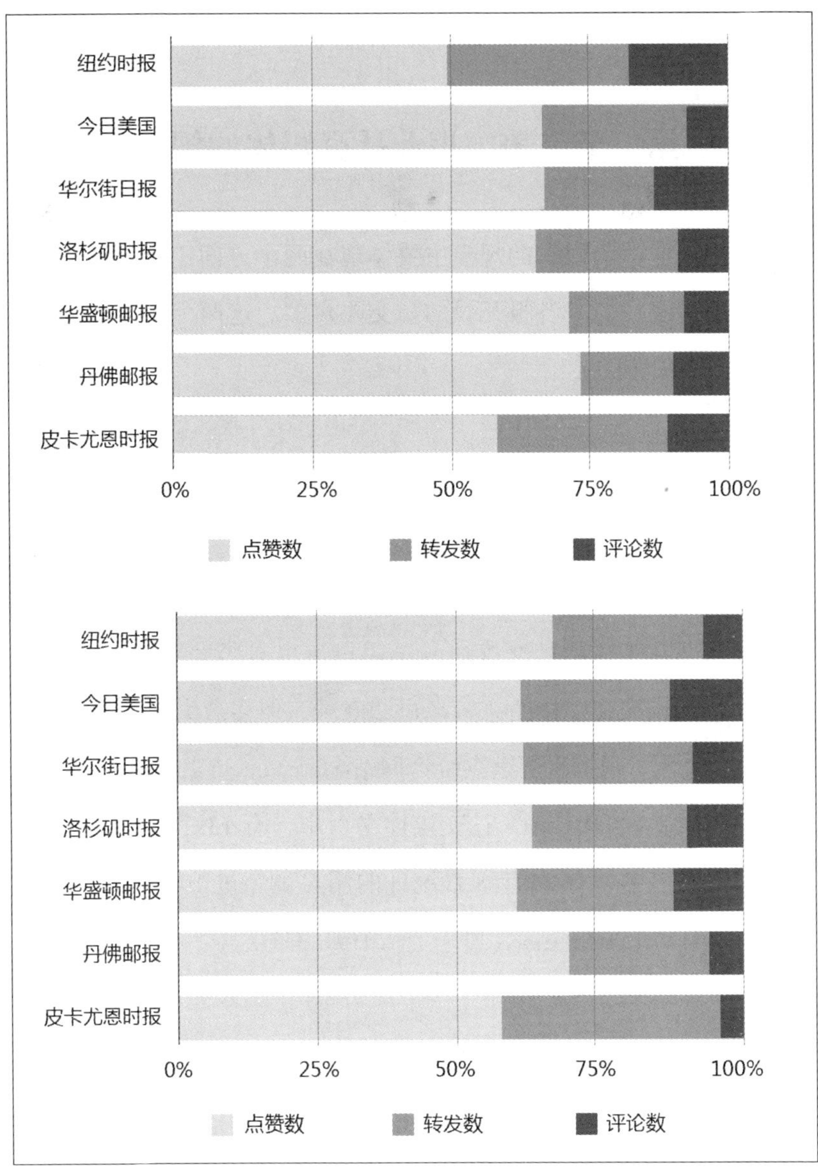

图 4.4　美国 7 报观测期内三种互动指标占比统计

来源：徐蔓调查并制表

第二节　美国报业社交媒体的规模

美国报业社交媒体的规模主要体现在两个方面：一是可用的大型社交平台多；二是各报开设的社交账户多。这两个方面都是中国报业难望其项背的。

一、美国社交媒体的平台规模

美国既是社交媒体的创始国，也是迄今拥有最多社交媒体的国家，且总部在美国的社交媒体的总用户量也遥居世界第一的地位。目前全球主流社交媒体的总量超过 200 种，但多数大用户量的社交媒体都在美国。根据世界著名统计网站 Statista.com 2019 年 9 月的统计，全球最受欢迎的 18 个社交媒体平台中，有 13 个来自美国，占比 72%。在该网站 2020 年 8 月统计的用户量超过 10 亿的 6 个社交媒体中，有 5 个来自美国，另一个是中国的微信。

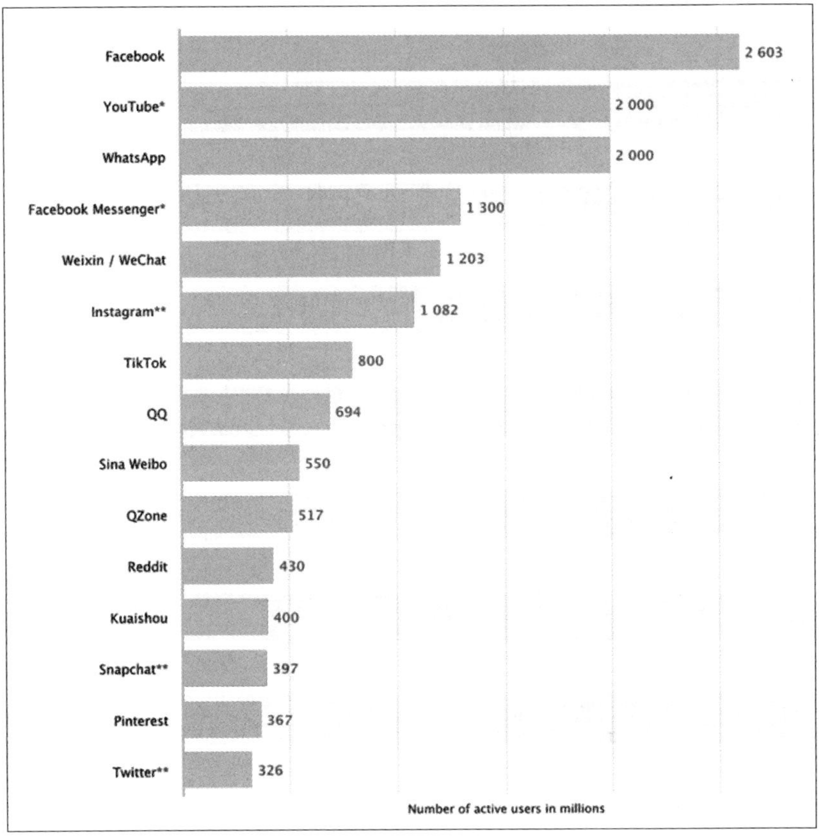

	Number of active users in millions
Facebook	2 603
YouTube*	2 000
WhatsApp	2 000
Facebook Messenger*	1 300
Weixin / WeChat	1 203
Instagram**	1 082
TikTok	800
QQ	694
Sina Weibo	550
QZone	517
Reddit	430
Kuaishou	400
Snapchat**	397
Pinterest	367
Twitter**	326

图 4.5　2020 年世界最受欢迎的社交网站排名
（按活跃用户数排列，截至 2020 年 7 月。单位：百万）

来源：www.statista.com[①]

上表共列出 15 个世界级的社交媒体，其中除了排第 5、第 7、第 8、第 9、第 12 分别为中国的微信、TikTok（抖音海外版）、QQ、新浪微博、快手外，其余 10 个都是美国媒体品牌。换句话说，中美

① J. Clement, “Global social networks ranked by number of users 2020”, www.statista.com, August 21, 2020.

两个大国瓜分了全球前 15 名社交媒体，而美国的数量遥遥领先。

然而，美国的社交媒体数量究竟有多少，却一直难以查考。2016 年笔者赴美国调研时曾询问多位业界专家，结果较为一致的意见是共有 72 种社交媒体。这里根据 Apple Store 美国商店中各大社交媒体 App 的描述，将其中较为常用的 37 种社交媒体按上线时间列表如下，以展示美国社交媒体在平台方面的较大规模。

图 4.6 美国主要社交媒体及其简介

序号	名称	创建时间	类别定位	形式特色
1	DeviantArt	2000年08月	社交网络	艺术爱好者社交
2	Facebook	2004年02月	社交网络	与朋友分享状态、视频、图片
3	YouTube	2005年02月	摄影与录像	音乐、视频、实况视频流
4	Reddit	2005年06月	新闻	新闻信息聚合
5	Twitter	2006年03月	新闻	交流最新发生的事情
6	Flixster	2008年07月	娱乐	电影社交
7	LinkedIn	2008年08月	社交网络	职场社交
8	WhatsApp	2009年01月	社交网络	通讯交流
9	Tumblr	2009年02月	社交网络	微博客
10	Skype	2009年03月	社交网络	视频聊天通讯
11	Flickr	2009年09月	摄影录像	高质量照片共享
12	Pinterest	2010年03月	社交网络	图片共享、兴趣内容查询
13	Tagged	2010年03月	社交网络	约会、游戏、兴趣
14	Kik	2010年04月	社交网络	聊天、分享
15	MeetMe	2010年05月	社交网络	寻找新朋友
16	Meetup	2010年06月	社交网络	兴趣社群

（续表）

序号	名称	创建时间	类别定位	形式特色
17	Life360	2010年08月	社交网络	家庭实时、定位、分享
18	GroupMe	2010年09月	社交网络	分组聊天
19	POF Dating	2010年09月	社交网络	约会
20	Instagram	2010年10月	摄影与录像	照片流、短视频流
21	Badoo	2010年11月	社交网络	约会
22	Viber	2010年12月	社交网络	即时通讯
23	LINE	2011年06月	社交网络	通讯与共享
24	Google+	2011年07月	社交网络	兴趣分享
25	Quora	2011年09月	社交网络	提问与问答，知识共享
26	Snapchat	2011年09月	摄影录像	趣味视频、照片
27	Twitch	2011年10月	摄影与录像	直播
28	Messenger	2012年03月	社交网络	文字与视频聊天
29	Tinder	2012年08月	生活	约会
30	Hangouts	2013年05月	社交网络	视频聊天通讯
31	Nextdoor	2013年05月	社交网络	私人、邻里社交
32	Telegram Messenger	2013年08月	社交网络	即时通讯
33	Marco Polo	2014年10月	社交网络	面对面通讯
34	Discord	2015年05月	社交网络	游戏聊天
35	Vero	2015年07月	社交网络	分享真实生活
36	Houseparty	2016年02月	社交网络	视频聊天
37	Google Duo	2016年08月	社交网络	一对一视频

来源：徐蔓根据 Apple Store 美国商店数据制作

二、美国报纸的社交账户规模

报业对社交媒体的介入程度，即报社开设的官方社交账户（不含员工个人开设的账户）的平台和数量，也体现了美国报业社交媒体的规模。目前美国尚无这方面的全面统计数据，但根据笔者的调查与观察，美国报纸可资利用的社交平台数量固然很多，而各报开设的社交媒体账户量更是非常庞大。

美国哥伦比亚大学新闻学院道尔数字新闻研究中心 (Tow Center for Digital Journalism) 分别于 2016 和 2017 年对包括纸媒在内的 14 家有代表性的主流媒体网络平台布局情况做了调查，发现它们入驻的社交媒体平台数量呈逐年增加趋势，且于 2017 年普遍达到 20 个左右。其中，《纽约时报》《华盛顿邮报》《洛杉矶时报》的入驻平台数分别为 20 个、22 个和 15 个。对于 Facebook、Twitter、YouTube、Instagram 等社交平台而言，这些媒体的入驻率达到 100%（Bell，2017）。[①]

另据徐蔓对美国报业社交媒体的研究，美国至少有 13 种社交平台被报业按三个梯次优先考虑：第一梯次为 Facebook，Twitter，Instagram，YouTube；第二梯次为 Snapchat，Pinterest，Tumblr，LinkedIn，Reddit，Kik；第三梯次为 WhatsApp，Telegram，Twitch。具有代表性的 7 家美国日报几乎都入驻了上述三个梯次的全部社交平台。此外，它们还差异化地入驻其他多种社交平台，因较为分散，这里不予赘述。

---

① Emily Bell, “Taylor Owen: The Platform Press: How Silicon Valley reengineered journalism”, *Tow Center for Digital Journalism*, March 2017.

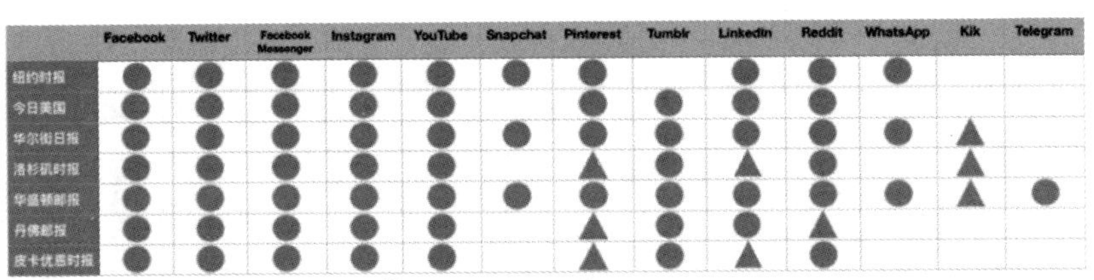

	Facebook	Twitter	Facebook Messenger	Instagram	YouTube	Snapchat	Pinterest	Tumblr	Linkedin	Reddit	WhatsApp	Kik	Telegram
纽约时报	●	●	●	●	●	●	●		●	●	●		
今日美国	●	●	●	●	●		●	●	●	●			
华尔街日报	●	●	●	●	●	●	●	●	●	●	●	▲	
洛杉矶时报	●	●	●	●	●		▲	●	▲	●		▲	
华盛顿邮报	●	●	●	●	●	●	●	●	●	●	●	▲	●
丹佛邮报	●	●	●	●	●		▲	●	●	▲			
皮卡优恩时报	●	●	●	●	●		▲	●	▲	●			

●代表已入驻且状态活跃　▲代表已入驻但状态不活跃　空白代表未入驻

图 4.7　7 家美国样本报纸主流社交平台进驻状态

来源：徐蔓制作

不仅平台多，在同一个平台开设的官方账户也多。以笔者现场考察过的《丹佛邮报》为例，该报总共开设了 200 多个官方社交媒体账户（不含员工个人账户）。在这些带有 DP（《丹佛邮报》缩写）Logo 的账户中，Facebook 的账户最多，超过 40 个，里面分门别类发布该报生产的大量垂直内容，如体育、宗教、政治、评论等。其次是 Twitter、reddit、Linkedin 等，其中 Twitter 账户超过 30 个。笔者 2016 年 4 月 22 日到访该报当日，从该报用户发展部主任丹尼尔·佩蒂（Daniel Petty）的电脑里，看到该报当日流量前 10 名的社交媒体。带来流量最多的也是 Facebook，阅读量为 137.46 万次，占总流量的 76.65%。Twitter 的阅读量为 30.35 万次，占比 16.93%。Reddit 的阅读量为 7.72 万次，占比 4.31%。

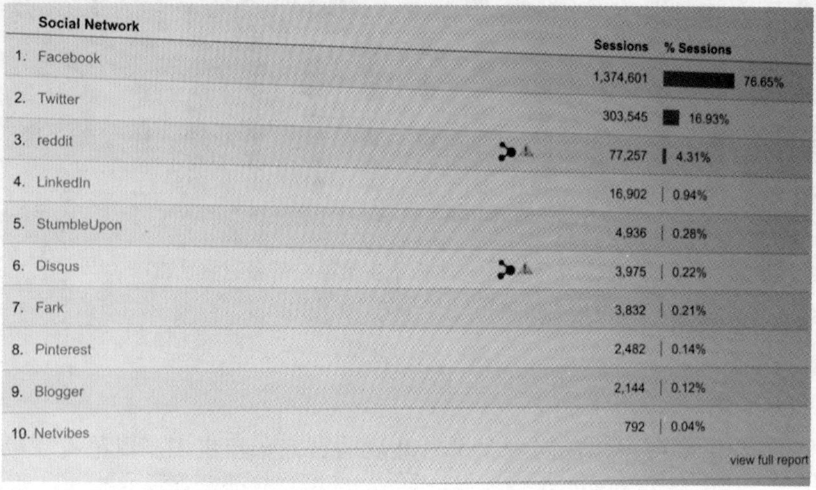

Social Network	Sessions	% Sessions
1. Facebook	1,374,601	76.65%
2. Twitter	303,545	16.93%
3. reddit	77,257	4.31%
4. LinkedIn	16,902	0.94%
5. StumbleUpon	4,936	0.28%
6. Disqus	3,975	0.22%
7. Fark	3,832	0.21%
8. Pinterest	2,482	0.14%
9. Blogger	2,144	0.12%
10. Netvibes	792	0.04%

view full report

图 4.8 《丹佛邮报》流量排名前十的社交媒体（2016 年 4 月 22 日）

来源：辜晓进拍摄自丹尼尔·佩蒂的电脑

据佩蒂介绍，对如此众多的社交账户的内容更新，该报借助机器和软件完成，大多数内容的管理和发布都实现了自动化。他说："我们主要借助 Deliver.it 工具（美国有一个 dlvr.it 客户端，用于社交媒体管理——笔者注），这是一个社交媒体管理系统，它通过 RSS（Rich Site Summary 的缩写，一种在线信息聚合软件——笔者注）抓取我们的内容，自动向相关社交账户发送。你看这篇关于城堡山（Castle rock）的新闻，里面有两幅图片，软件就自动从中挑选了一幅最好的，我们甚至都不用考虑它。"他们的这一举措有效地保证了内容更新的迅速、及时。我在观察过程中，就注意到电脑上这些账户在不断跳动更新。

图 4.9 《丹佛邮报》同时更新内容的 30 多个 Twitter 账户

来源：辜晓进拍摄自丹尼尔·佩蒂的电脑

笔者考察的其他美国报纸也都拥有远超中国报纸的社交账户，且有专门的社交媒体主编负责，并在不同程度上引入软件进行管理。也有小型报纸坚持人工更新内容的，如在转型中较为突出的地方报纸《拉斯维加斯评论日报》（Las Vegas Review-Journal）。该报在 12 个社交媒体平台拥有 80 多个官方账户，其中 Twitter 账户就有 22 个，所有账户的总粉丝量超过 30 万。但他们的内容更新全部依靠人工完成，方法是通过有效的全员培训让所有记者参与到社交媒体内容的更新中来，并由一位社交主任总负责。该报负责新媒体的数字主编哈里森·基利（Harrison Keely）解释说："这（指机器更新）肯定省了很多事。但根据我的观察，至少从我的很多体验来看，用电脑软件自动发布的社交内容，人们会识别出来。它们与人工制作的还是不一样的，而人们不太喜欢自动发布的东西。Facebook 曾经对此做了一个研究，结果是人们对人工发布的内容比自动上传的内容回应和互动的频率更高。如果你自动发布什么东西，人们点赞、加粉等黏性行为会降低。我自己的感受也与之相似。所以应当尽量用人工去回应，因为至少在目前，软件所为还是会被识别出来的。”①

值得注意的是，中国视频社交媒体抖音的海外版 TikTok 在全球的下载量迅猛增长。截至 2020 年第一季度末，其在 App Store 和 Google Play 的全球下载量已超过 20 亿次。其中美国的下载量仅次于中国（抖音）和印度，列第三名，下载量 1.65 亿次。② 其对年轻用户的强大吸引力也受到越来越多的美国主流媒体的重视，包括《华盛顿邮报》《达拉斯晨报》等在内的美国全国和区域性主流日报纷纷入驻。

第三节　社交媒体助力报业拓展用户

除了本章第一节阐述的将社交媒体作为内容分发平台，美国报业在社交媒体运营方面还特别注重垂直化拓展和场域化延伸。

---

① 辜晓进：《重走美国大报 / 美国报业转型：颠覆与重生》，南方日报出版社，2018 年，第 485 页。

② Craig ChApple, “TikTok Crosses 2 Billion Downloads After Best Quarter For Any App Ever”, www.sensortower.com, April 29, 2020.

一、社交媒体的垂直化拓展

诺贝尔奖得主赫伯特·西蒙（Herbert A. Simon）认为："信息的富裕造成注意力的匮乏，因此我们需要在丰富的信息源中有效配置注意力。"[①]在用户注意力稀缺而媒体竞争激烈的今天，只有在了解用户兴趣的基础上精准投放内容产品，才有更多机会获取用户的注意力。好在技术为报纸搭建了深入了解用户、细分用户的桥梁，社交媒体就是其中一座。

社交媒体助力报业垂直化布局的优势至少体现在以下两个方面：一方面，各类特色型社交媒体积累了稳定且足量的用户，报纸有针对性地投放特色内容，便可与细分群体建立稳定而长久的关系；另一方面，大量报纸社交子账号的建立所形成的社交矩阵，让报纸毋需花费大量的人力、财力便可将触角深入到细分群体中，进而捕捉和网罗不同层次的受众，并有可能吸引到垂直化品牌的商业合作。于是，报纸在开设综合性社交媒体账户的同时，会同时开设各类子账户，将新闻细分为政治新闻、体育新闻、新闻评论等，并延伸到旅游、保健、摄影、生活服务等领域。前面提到的《丹佛邮报》等媒体开设的大量社交账户，其中多数都属于这类垂直化的子账户类型。如仅在本地体育新闻方面，除了设置了 @denversports 这一体育新闻账号，还设置篮球队丹佛掘金队 @nuggestsnews、橄榄球队丹佛野马队 @PostBroncos、冰球队科罗拉多雪崩队 @avsnews、棒球队

① 转引自［美］詹姆斯·韦伯斯特：《注意力市场 / 如何吸引数字时代的受众》，郭石磊译，中国人民大学出版社，2017 年，第 7 页。

丹佛洛基山队 @DPRockies 等。

《纽约时报》也与之类似，其在 Twitter 一个社交平台就开设了数十个垂直账户，新闻类包括经济新闻、本地新闻、政治新闻、全国新闻、国际新闻、图片新闻、体育新闻、科技新闻、视频新闻、新闻评论、往期档案、星期天杂志等；生活类包括时尚、音乐、读书、美食、旅游、字谜、婚礼、剧评等。

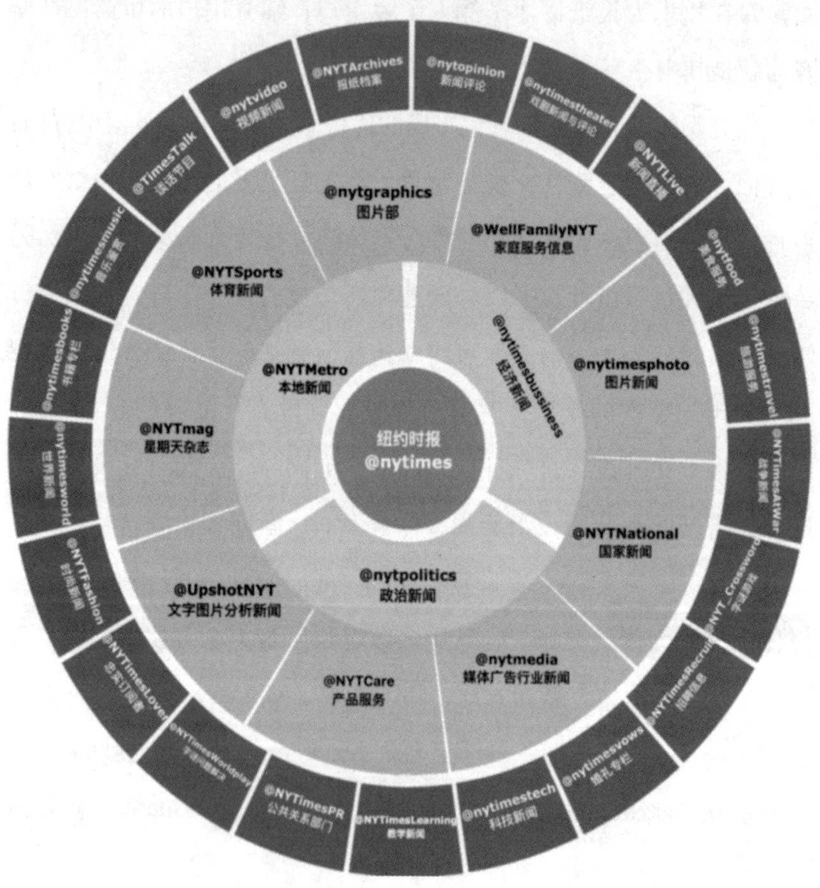

图 4.10 《纽约时报》在 Twitter 上的社交媒体矩阵

来源：徐蔓制作

二、社交媒体的场域化策略

路透研究院2018年4月一份研究报告认为，为公众服务的媒体机构可以通过与社交平台的完美结合而扩大受众，特别是抵达年轻读者和那些过去难以覆盖的受众群。这时媒体通常采用两种不同的场域化社交策略：一种是场内策略（on-site strategy），即通过在社交平台发布部分媒体内容而将受众吸引到媒体自身网站；另一种是场外策略（off-site strategy），即在社交平台就地生产“原生内容”（nativecontent），主要用来吸引年轻受众和过去难以抵达的受众。[①]

早前，哥伦比亚大学新闻学院道尔数字新闻研究中心主任艾米丽·贝尔（Emily Bell）等于2017年3月完成的一项研究，对这两种策略进行了更详尽的阐释。其将“场内策略”发布的内容称为“外链内容”（networked content），这种内容将在社交媒体上发布的帖子标上链接字符，旨在将读者推向（send）自己的原创内容网站，为官网带来流量。研究监测发现，《纽约时报》在社交平台上84%的内容都属于这种类型。该研究将“场外策略”解释为完全在第三方平台（诸如Snapchat，Twitter等）产生的“原生内容”，这种内容完全依照社交平台本身的特点和要求进行定制，更适合在社交平台上传播。对原生数字媒体而言，此种策略更受重视，如《赫芬顿邮报》2/3（66%）的内容都属于此类。[②]

---

① Annika Sehl, Alessio Cornia, Rasmus Kleis Nielsen, “Public Service News and Social Media”, Reuters Institute, April 2018.

② Emily Bell, Taylor Owen, “The Platform Press: How Silicon Valley reengineered journalism”, Tow Center for Digital Journalism, March 2017.

徐蔓在对美国7家报纸观测期内在Facebook和Twitter上采取场内策略发布的外链内容和采取场外策略的原生内容进行统计后发现，它们的策略有相当大的差异。其中在Facebook平台的策略差异最大：《纽约时报》《华尔街日报》《华盛顿邮报》三家全国报纸和一家区域报纸《丹佛邮报》的外链内容占比分别高达99%、98%、98%和100%；而同为全国日报的《今日美国》以及区域报纸《洛杉矶时报》和地方报纸《皮卡尤恩时报》的占比却分别只有20%、4%、3%。占比高的多为建有付费墙的报纸（只有《丹佛邮报》2015年刚从付费转为免费），而占比低的多为免费提供内容的报纸。这可以理解为重视内容付费的报纸更加希望将受众引导到自己的官方网站上来。在Twitter平台的差异则很小：7家报纸外链内容占比从94%至100%不等。这说明报纸更倾向于将Twitter作为自身媒体原创内容的输出平台。

第四节　中国报纸社交媒体的发展

中国在20世纪90年代后期各类BBS论坛和腾讯QQ的基础上，于21世纪初先后出现博客中国、SNS、饭否等社交网站，但直到2009年新浪微博的诞生，中国才有了真正具备新闻媒介属性的社交媒体。新浪微博之后，腾讯、网易、搜狐等门户网站也纷纷推出各自的微博，但最终都在与新浪微博的竞争中离开了市场。2012年微信公众号上线后，微信平台的媒介属性明显增强，微信与新浪微博因而成为报纸等传统媒体的主要入驻平台，俗称“两微”。此后，一点资讯的“一点号”，百度的“百家号”，腾讯的“企鹅号”等具备媒介属性的自媒体聚合平台也相继问世。近年，快手和抖音等短视频社交媒体也在视频热中受到报纸等媒体的重视。但相对美国而言，中国社交媒体的种类还是稀少的。

2017 年，笔者带领研究生张鑫瑶、徐蔓就报业转型的“两微”战略对全国 104 家最具地方代表性的日报做了一个量化研究，得出报纸在微博和微信公众号上的分布、内容生产、发布周期以及对转型的促进作用等方面一些新发现，容后详述。

一、中国报纸的主要社交媒体平台

如前所述，中国报纸自 2012 年以来使用的最主要社交媒体平台是微博和微信公众号，“两微”因此成为新闻媒体最基本的社交应用。笔者和徐蔓、张鑫瑶于 2017 年对全国各省、直辖市、自治区内发行量及“两微”活跃度排行靠前的前 5 名报纸共 104 家日报进行了调查。这些样本是在人民网研究院发布的《2015 中国媒体移动传播指数报告》“报纸移动传播百强榜”中 100 家纸媒所设的微信公众号的基础上，进行调整补充后完成的。

调整和补充的目的是提高覆盖的科学性、均衡性和报纸之间的可比性，同时也对榜中的个别错误予以纠正，如“百强榜”涵盖了非报纸机构。样本的调整原则：（1）将榜单内同一省份地市级报纸超过 5 家的部分，按“两微”活跃程度排序予以剔除，如浙江省剔除了《金华晚报》《温州晚报》，广东省剔除了《梅州日报》《佛山日报》等；（2）为提高可比性，剔除榜单内的 15 家行业和专业报纸

（有的报纸看似专业报纸，实为综合都市报，予以保留，如《新文化报》）；（3）剔除榜单内非报纸项目和未经认证的社交媒体项目，如经笔者查询，榜单中《陕西都市快报》实为陕西电视台的一档民生新闻栏目，并非报纸，而《东方早报》主打客户端，其微信号尚未认证，故均予剔除。

样本的补充原则：将未上榜的省份或只上榜1份报纸的省份补充为至少有党报和市场化报纸各1份，首选为省级报纸。按此原则补充的报纸共25家：《云南日报》《新疆日报》《新疆都市报》《西藏日报》《西藏商报》《四川日报》《陕西日报》《济南日报》《宁夏日报》《新消息报》（宁夏）、《内蒙古日报》《北方新报》（内蒙）、《江西日报》《新华日报》（江苏）、《吉林日报》《新文化报》（吉林）、《黑龙江日报》《河北日报》《南国都市报》（海南）、《贵州日报》《广西日报》《甘肃日报》《兰州晨报》《青海日报》《西海都市报》（青海）。

可见，这104个调查样本具有较全面的代表性，并考虑到了地区之间、全国媒体与地方媒体之间的平衡。截至2016年12月20日，上述报纸除《西藏日报》外，全部开通了新浪微博官方账户；上述报纸（含《西藏日报》）全部推出了官方的微信公众号。这显示中国报纸在微博和微信方面的开通率达到或接近百分之百。[①]

1. 微博账户

104个样本中有103个开通了微博账户，占比99%。由于微博

① 辜晓进、徐蔓、张鑫瑶：《作为报业转型突破口的社交媒体战略——基于国内104家代表性报纸“两微”的表现》，《新闻与传播研究》，2017年第8期，第70-88页（本节的数据除另行标注者外，皆出于此，不再另注）。

是中国报纸最早入驻的主流社交媒体，各报态度积极，呈一拥而上之势，很快就达到饱和度。从 2014 年起，样本中各报新开数量大幅减少，2015 年下半年起进入零增长。就各报开通的微博数量而言，据汪春盛等的研究，至 2015 年 8 月，内地报纸开通的官方微博账户总数为 3 571 个。[①] 若按当年中国报纸 1 906 种的总数计算，平均每个报纸开通的微博数量不到 2 个。另据人民网研究院 2020 年 4 月发布的《2019 报纸融合传播指数报告》，在对截至 2019 年底的 295 种报纸的统计中，有 287 种报纸开通了 321 个微博账号，开通率为 97.3%。[②] 按此最新数据，平均每种报纸只有 1.1 个微博。这些数据均远远少于美国报纸开通 Facebook、Twitter 等社交媒体的账户数量。

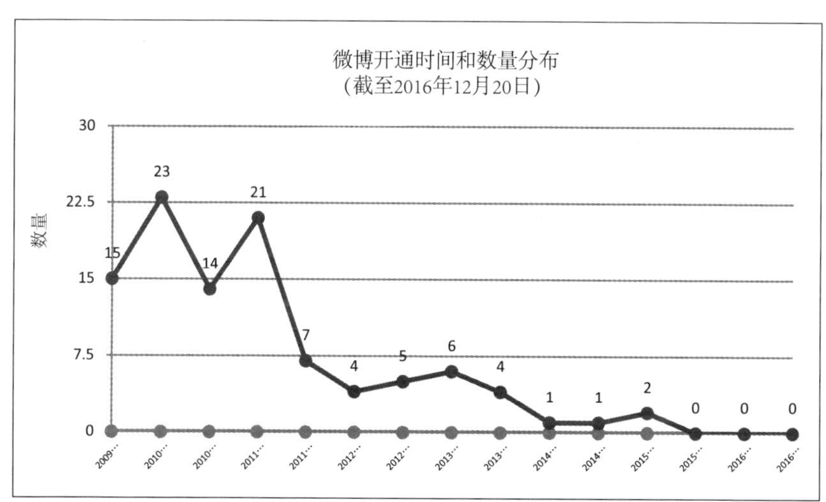

图 4.11　104 种中国日报开通微博的时间与数量分布

来源：辜晓进、徐蔓、张鑫瑶制图

① 王春盛、焦晓洁、沈阳：《百花齐放 方兴未艾——2015 年传统媒体“两微一端”的梳理和分析》，《新闻与写作》，2015 年第 12 期，第 10 页。

② 《2019 报纸融合传播指数报告》，人民网，2020 年 4 月 30 日。

但中国报纸官微的平均粉丝数却明显高于美国报纸。微博的“粉丝”对应于 Twitter 中的“followers”，是指账号被他人关注的数值。我们的研究发现，样本微博的粉丝数量大部分集中在 500 万之内，其中 23.30% 的报纸微博账号的粉丝量在 1 万–100 万，34.95% 的账号粉丝量在 101 万–600 万，粉丝数量超过 1 000 万的仅有约一成（9.71%），平均粉丝数是 506.10 万。样本中粉丝数最多的《人民日报》，当时已达 4 945 万。其余粉丝量超过 2 000 万的账号还有《新闻晨报》（2 811 万）、《中国日报》（2 566 万）、《新快报》（2 355 万）、《新京报》（2 251 万）。

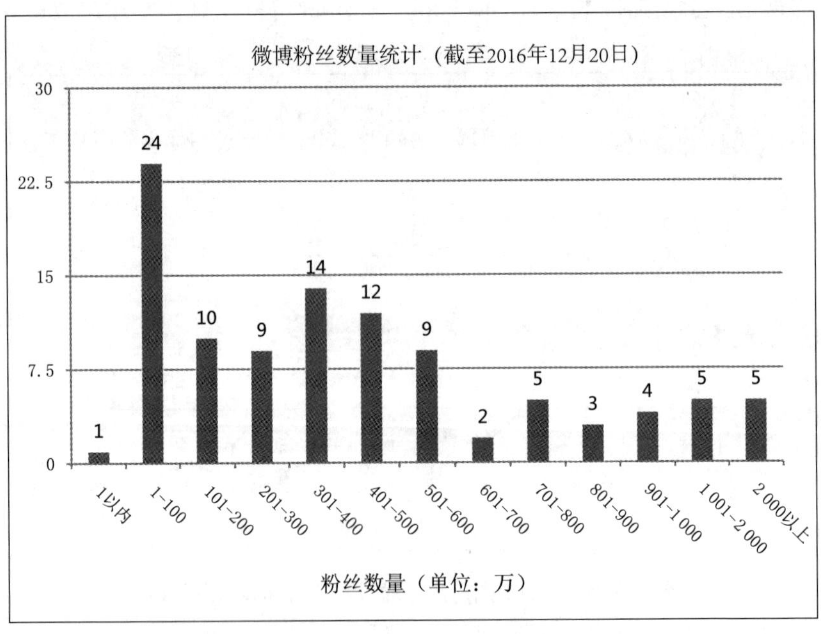

图 4.12　104 种中国日报微博的粉丝量

来源：辜晓进、徐蔓、张鑫瑶制图

2. 微信公众号

微信公众号分“订阅号”“服务号”和“企业号”三种类型。报纸的公众号基本都是便于常态化发布信息的“订阅号”类型。在这项研究中，样本报纸微信公众号的开通率为100%，样本数104个。另据人民网研究院对2019年底295种报纸的监测，有283种报纸开设了339个官方微信公众号，开通率为95.9%，[①]开通的数量也略高于微信公众号的开通量。微信公众号有别于微博以及美国大多数社交媒体，其对每天的发布频率有较严格的限制。我们的调查发现，当时大多数报纸的公众号每天只被允许更新一次。只有少数报纸的公号可以多次更新，如《南方都市报》当时每天可以更新3次，《人民日报》公众号更新次数最多，每天6次以上。这个权限由微信平台掌握，近两年略有放开，例如深圳主要报纸的权限都放宽至每日3次以上。

这次研究对104个报纸样本为期一周（2016年12月14日0:00至12月20日23:59）的微信公众号发布情况进行了观测和回溯，共涉及1 082次推送和5 098篇文章。为了解和分析推送内容，我们通读了全部5 098篇文章。研究发现，虽然每次推送的公号内容因是打包发送（包含专栏和多篇文章）而远比单条微博丰富，但存在更新频次低和发布时效差等根本弊端（详见后文）。

相对较为单一的官方微博账户，近年一些中国报纸纷纷在微信平台推出多个“子账户”，形成所谓的“微信矩阵”。笔者用清博大数据公司的“清博指数”工具查询得知，截至2020年2月18日（限

① 《2019报纸融合传播指数报告》，人民网，2020年4月30日。

于仍正常更新者），有多个报纸在微信公众号平台开设多达 20 个左右的子账户，如《人民日报》（25），《羊城晚报》（23），《大河报》（16），《新京报》（15）等。但绝大多数报纸的微信公众号仅在 5 个以内，包括《新闻晨报》《扬子晚报》《南方都市报》《北京日报》《深圳特区报》等著名报纸。

3. 抖音账户

抖音是由“今日头条”的母公司北京字节跳动科技有限公司于 2016 年 9 月推出的一款短视频社交软件，以年轻用户为主。2017 年 11 月，抖音以 10 亿美元收购北美音乐短视频社交平台 Musical.ly 并与之合并，由此推出海外版抖音 TikTok。截至 2019 年底，抖音海内外用户总量已超过 10 亿，覆盖 150 个国家，月活跃用户达 8 亿。2019 年，TikTok 仅在美国的下载量就达 1.23 亿次。[①] 截至 2019 年 1 月，抖音的国内日活和月活用户分别突破 2.5 亿和 4.5 亿。[②] 如此高的受众抵达率，自然引起报纸等传统媒体的关注。中国报纸已将抖音列为继“两微”之后的第三大社交媒体平台。

从 2017 年 3 月份起，包括纸媒在内的国内主流媒体纷纷入驻抖音。至 2018 年，抖音上经过认证的媒体账户已超过 1 340 个，其中平面媒体就有 365 家。[③] 另据人民网研究院对 284 种报纸调查，这

---

① Brandon Doyle. TikTok Statistics—Updated February. Wallaroomedia.com, January 30, 2020.

② 张志安、林功成、章震：《2018 年主流媒体抖音号的实践与探索》，《传媒》，2019 年 3 月（上），第 15–18 页。

③ 同上。

些报纸共开设了 194 个官方抖音账号，平均粉丝量为 75.5 万。[①] 据查阅“抖查查”最新数据，截至 2020 年 7 月 19 日，《人民日报》《中国青年报》《新京报》、澎湃新闻、《南方都市报》抖音号的粉丝数分别已达到 9 709.9 万、1 228.4 万、324.7 万、417.3 万、100.6 万。至 2020 年 10 月 30 日，《人民日报》的抖音账户粉丝已突破 1.1 亿。显而易见，抖音已被报业视为吸引年轻受众、扩大数字阅览量的新的重要平台。

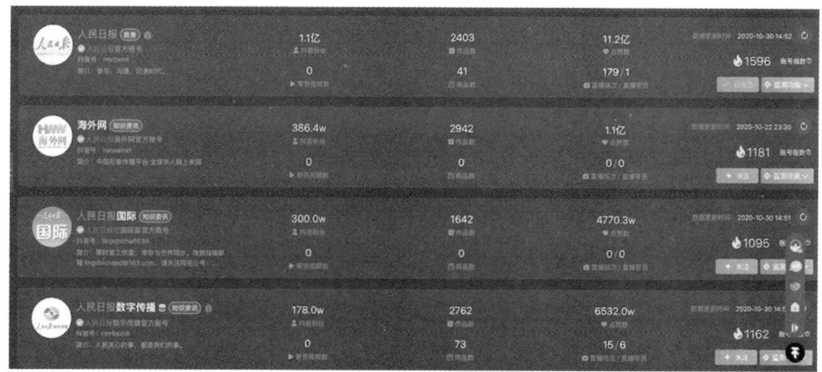

图 4.13 《人民日报》及旗下主要品牌抖音账户数据

来源：“抖查查”官网 2020 年 10 月 30 日

二、借助社交媒体的内容传播

针对全国 104 种代表性日报的上述研究发现，中国报业也和美国报业一样，普遍将社交媒体作为一种数字化转型的抓手，试图以此扩大数字受众，提升品牌影响力，有效实现融合发展。

① 《人民网总编辑罗华发布〈2019 中国媒体融合传播指数报告〉》，人民网，2020 年 4 月 30 日。

1. 微博发布量大，粉丝影响面广

如前所述，中国报纸官方微博的平均粉丝量远远大于美国报纸的社交媒体粉丝量（followers），平均粉丝量超过 500 万。庞大的粉丝量强化了微博的影响力，而大量内容的发布又成为扩大粉丝量的最重要手段。这是中国报纸利用社交媒体抵达受众的最重要特色之一。

我们的研究发现，粉丝量与以下三大因素呈现正相关关系，即母报品牌影响力、微博开通历史和发微博的数量及频次。就母报品牌影响力而言，《人民日报》是最典型的例子。虽然其微博开通时间为 2012 年 7 月 22 日，属于样本中开通最晚的 20% 范畴，但其粉丝数却遥遥领先。在 1 000 万以上大粉丝量的样本中，同样可以看到发行量和影响力都较大的报纸身影，如《扬子晚报》和《南方都市报》。

对大多数报纸而言，开通时间的早晚也对粉丝数产生较大影响。例如微博粉丝数在 2 000 万以上的 5 个样本，除《人民日报》外均于 2009 年下半年开通，属于最早开通微博的报纸。粉丝数在 1 000 万至 2 000 万之间有 5 个样本，分别为《法制晚报》（1 549 万）、《扬子晚报》（1 090 万）、《南方都市报》（1 086 万）、《光明日报》（1 071 万）、《京华时报》（1 031 万）。其中 3 个于 2009 年开通，1 个于 2010 年开通，开通最晚的《光明日报》也是 2011 年 6 月 2 日。而样本中最后一个开通的“青报新媒”（青海日报），粉丝仅有 2 641 个，为样本中唯一粉丝量低于 1 万的微博账号。稍觉可惜的是，在新媒体上较为活跃的《法制晚报》，已于 2019 年 1 月 1 日起休刊。

第三大影响因素是发布微博的数量，也即在社交媒体端的内容生产量。《人民日报》开通时间虽晚，但发博量已达 68 296 个，明

显超过 27 307 个的平均量。上述其余 9 个粉丝数量超过 1 000 万的报纸微博发博量大多数也在 6 万以上（《扬子晚报》甚至超过 10 万），只有《南方都市报》（51 469）和《光明日报》（35 158）例外。值得注意的是，上述发博数前 10 名中，除了 3 家央媒，其余全是都市类（含晚报）报纸，这从一个侧面反映出市场化报纸在发布微博上的进取姿态。此外，每天发布微博的频次，也对粉丝量有正面影响。各类样本在观测时段内平均每日发博频次呈现很大的差异，其中 10% 的样本平均每天发博不到 10 条，最低仅 0.28 条；平均每天发博 31 条（含）以上的占 32%，其中就涵盖了上述 10 个 1 000 万 + 粉丝样本中的 8 个。

当然也非一概而论，有 6 个样本发博数量超过 10 万而粉丝数未过 1 000 万。这表明上述三大因素往往叠加而发挥作用，孤立的一个因素其权重还是有限的。

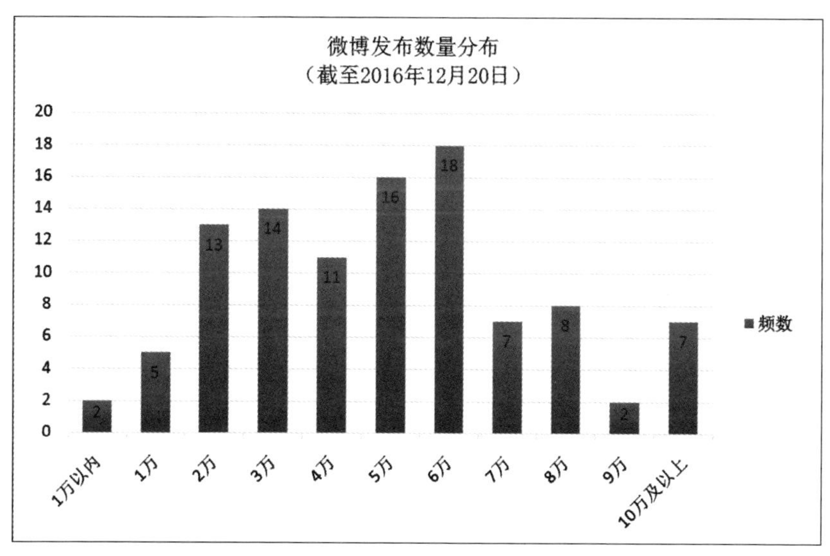

图 4.14　微博发布数量分布（截至 2016 年 12 月 20 日）

来源：辜晓进、徐蔓、张鑫瑶制图

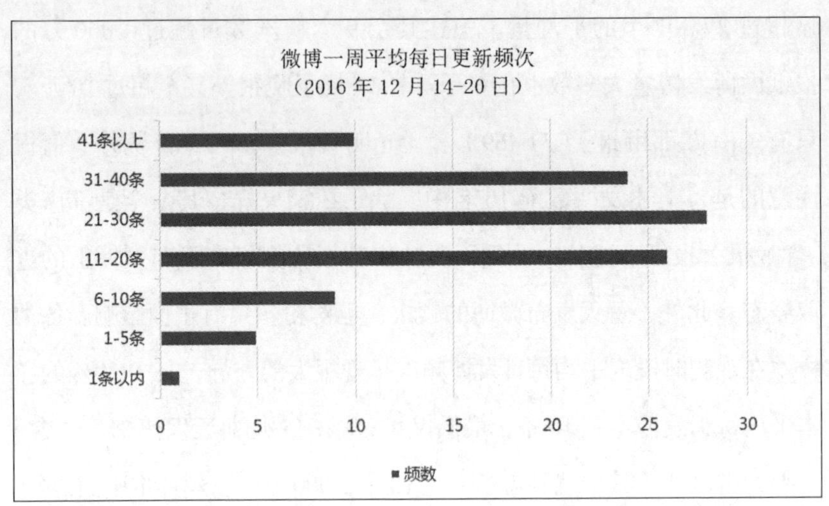

图 4.15　微博一周平均每日更新频次（2016 年 12 月 14 日 -20 日）

来源：辜晓进、徐蔓、张鑫瑶制图

此外，中国报纸微博内容的原创率也较高。"原创"指剔除"转发"信息后的原发信息。原创微博数量与总发博数之比为"原创率"。上述研究发现，近 80 家报纸的原创率在 80% 以上，大部分报纸在微博上都秉承了传统媒体作为原创内容生产机构所具有的原创风格，体现了主流报纸权威发布者的媒介形象。总体看，原创率较高的样本集中在两大板块：一是西部板块，原创率前 3 名和第 5 名都在西部，分别是《贵州日报》（97.40%）、《云南日报》（97.21%）、《山西日报》（97.16%）、《陕西日报》（97.02%），《河北日报》（97.05%）居第 4 名；二是央媒板块，《参考消息》《解放军报》《经济日报》《光明日报》《中国青年报》原创率都在 94% 以上。原创率最低的 5 个样本分别是《新消息报》（宁夏，47.75%）、《沈阳晚报》（51.96%）、《人民日报》（海外版，52.88%）、《北京日报》（53%）、《今晚报》（61.14%）。

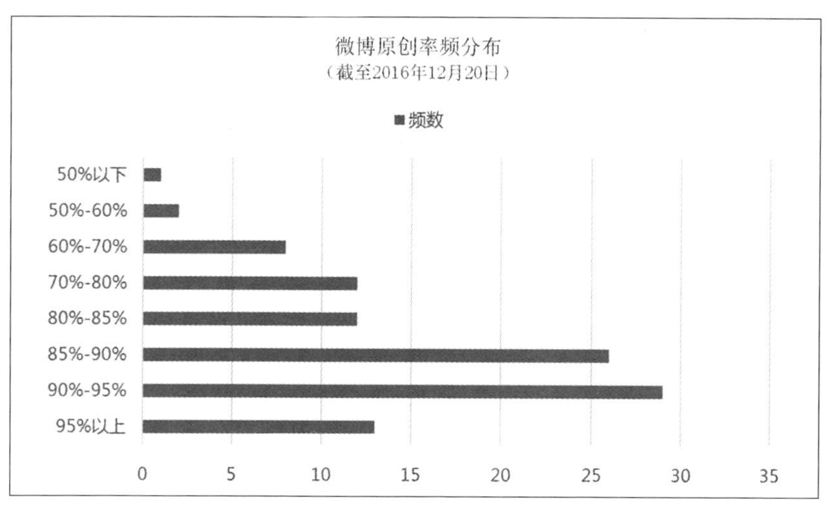

图 4.16　微博原创率分布（截至 2016 年 12 月 20 日）

来源：辜晓进、徐蔓、张鑫瑶制图

2. 微信公众号容量大而时效差

相对于微博而言，微信公众号的信息容量明显增大。容量首先体现在公众号主界面可设置多个专栏，而每个专栏又可包容较多内容，这使得公众号像客户端那样具备空间框架和向纵深拓展的能力。如很多公众号设有“电子报”专栏，里面就装载了当日母报全部版面信息。数据分析表明，微信公众号的这一重要功能受到各报的高度重视。有 89 个样本（占总数 86%）设有 3 个专栏，用足了微信专栏设置的权限（订阅类公众号最多只能设 3 个专栏）。有 9 个样本设置了 2 个专栏，4 个样本只设置 1 个专栏，还有 2 个未设专栏。

专栏的种类主要有以下几种：电子报（数字报），报纸订阅，资讯汇总，新闻客户端，活动（抽奖、比赛、投票等），服务（互动），社区（集群）和电商网站等。从这些名目可以看出，许多样本都通过专栏的设置而尽量挖掘公众号的功能与价值，使之更好地服务于母报，并通过信息的引导而获取更多的受众，推动其他数字平台（如客户端）发展。

容量大还体现在每次推送的新闻条数。公众号不同于微博，公众号每期可以打包推送多条图文信息。观测期内的样本数据表明，每期于专栏之外推送 5 条信息是最常见的形式，推出 4 至 6 条的微信数占微信总数的 70%。也有一定样本数量达到 7 条甚至 8 条的上限，这部分占总数的 11%。《广州日报》《温州都市报》《南国都市报》和《合肥晚报》都达到了 8 条的上限。统计发现，每期推送只有 1、2 条的情况往往出现在周末、特定时段或遇重要突发事件时。如《新安晚报》周日每期更新 1 条，其余时间每期 5–7 条；《人民日报》的“来了！新闻早班车”和“夜读”栏目每期推送只含 1 条内容。

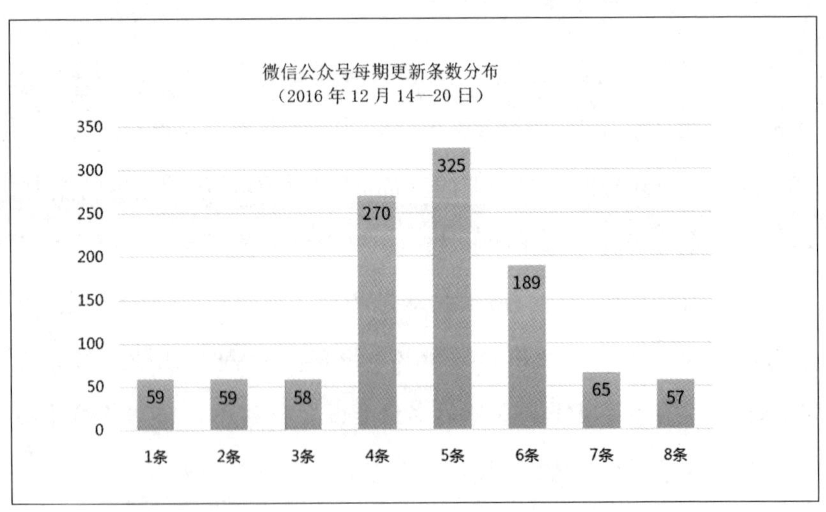

图 4.17　微信公众号每期更新条数分布（2016 年 12 月 14—20 日）

来源：辜晓进、徐蔓、张鑫瑶制图

但微信传播也存在很大的弊端，即更新次数少、发布时间迟。

在对微信公众号样本一周的观测期内，73% 的样本更新次数为 7 次及以下，即平均每天最多 1 次；3% 的样本更新数为 8–14 次，即每天 1–2 次；22% 的样本更新数为 15–21 次，即每天 2–3 次；2% 的样本更新数为 22 次以上。上述数据表明，73% 的报纸微信公众号平均每天只发布最多 1 次信息，每天发布 3 次以上者仅有 2%，平均每日更新频次为 1.49 次。这个发布频次大大低于新浪微博的同类数据，也低于美国报纸在所有社交传媒上的发布频次。一周发布总数最多的是《人民日报》(43)，其次为《经济日报》(31)，另有 10 个样本发布 21 次。发布最少的是《济南日报》(5)，其次是《人民日报》(海外版，6)，均不足每天 1 次。当一个新媒体每天只更新一次时，其时效性已等同于每天只出 1 期的日报，难以随时传播新发生的新闻，失去了数字传播的优势，更不用说什么“数字优先”。

研究还发现，除了更新频次低，每日首次发布的时间也普遍迟缓：63% 的微信发布于上午 9 点至晚上 9 点前，其中高峰时段为中午 12 点至下午 3 点之间。有 63 个样本（占比 60%）一周内从不在上午 9 点前发布微信公众号。有 14 个报纸公众号平均每天在上午 9 点前发布 1 次微信。在这个时段平均每天超过 1 次微信公众号的只有 2 个样本，分别是《人民日报》(1.86) 和《钱江晚报》(1.14)。有 9 个样本（占比 8.6%）一周内几乎全部或至少 6 天都是在下午 6 点后才首次发布微信公众号。如此滞后的发布，已明显晚于纸媒发行时间，完全谈不上发挥新媒体之快捷优势。

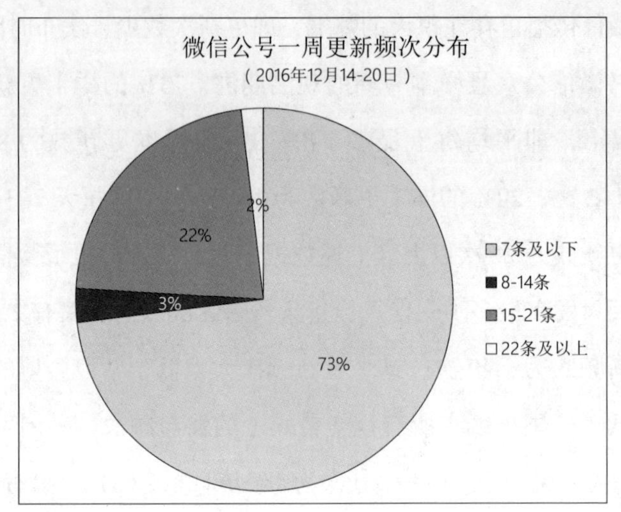

图 4.18　微信公众号 1 周更新频次分布（2016 年 12 月 14—16 日）

来源：辜晓进、徐蔓、张鑫瑶制图

研究还发现，报纸微信公众号的原创率明显低于微博。很多报纸的公众号为追逐热点，内容趋于同质化，这与报纸作为原创内容生产者的定位是相悖的。

从 2015 年 1 月 22 日起，微信公众平台面向认证类公众号开放"原创保护"申请。申请成功后，公众平台会为每条原创文章自动添加"原创"标识。此后其他用户发布已有该标识的文章时，系统会自动为其注明出处。这是微信的一大创举，有利于保护和激励原创生产。样本报纸基本都申请了原创保护（通过清博指数平台可以查证样本报纸中至少 88 家已经开通原创功能，剩余 16 家报纸在观测时段没有带有原创标识的文章发布，因此不能确定是否开通原创功能），这为我们获取和分析原创数据创造了条件。

研究中的数据分析表明，样本微信公众号推送新闻的平均原创率仅为 3.53%。其中，原创率在 30% 以上的样本仅有《人民日报》（海外版，80%）、《西藏商报》（52%）、《南方周末》（50%）、《新文化报》（34.62%）、《西藏日报》（31.43%）、《北京晚报》（30.43%）。需要指出的是，样本中可能存在忘了标注原创标识的情况，这会在一定程度上降低原创率，但对总体数据影响不大，因为样本公众号的同质化倾向从另一个角度证明了原创率较低。研究发现，微信公众号更加注重追逐社会热点和流行时尚，特别是在社交媒体平台已经开始传播并受到普遍关注的新闻，这使得样本公众号的同质化现象较为严重，同一篇文章被多个报纸公众号同时转发的情况十分普遍。观测期的一些看上去较为吸引眼球的新闻，皆被蜂拥转发（括号内是同日转发的报纸样本数），如《超市员工曝惊人内幕！最脏的食物竟是它，你还天天敢买？！》（21）、《地铁急刹把她摔成 10 级伤残！却因这个举动，地铁被判无过错 ...》（20）、《这个小玩意可能让你每月损失好几百！土豪请随 ...》（17）、《金星离婚了！理由却让人大跌眼镜，真心酸 ...》（12）、《当庭拒认亲生子，矿泉水瓶也看不下去了！》（11）。

这正应了詹姆斯・韦伯斯特在《注意力市场》中说的一句话："新闻机构更多了，新闻报道更少了。"[①] 同时也可看出，不少报纸的微信公众号存在较为明显的媚俗和跟风倾向，悬念式标题的滥用体现出一种博取眼球的急切心态。

---

① [美] 詹姆斯・韦伯斯特.《注意力市场：如何吸引数字时代的受众》，郭石磊译，中国人民大学出版社，2017 年，第 61 页。

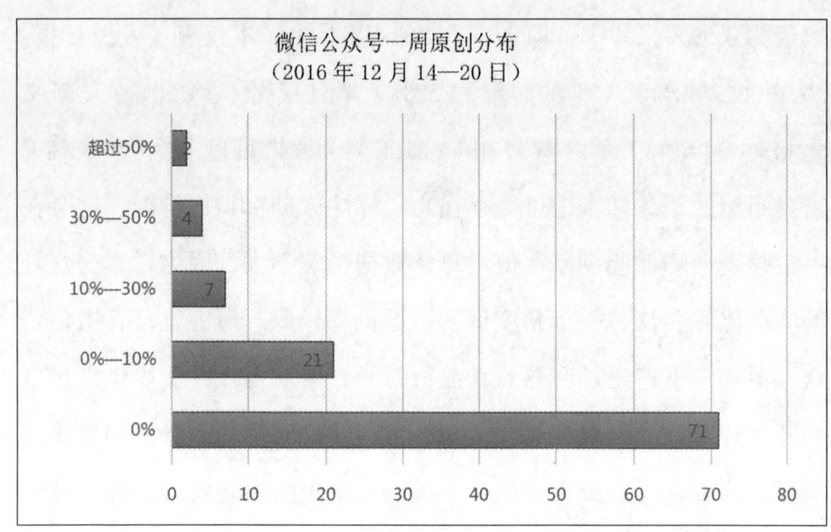

图 4.19 微信公众号一周原创分布（2016 年 12 月 14—20 日）

来源：辜晓进、徐蔓、张鑫瑶制图

第五节 本章小结：差异明显的中美报业社交战略

保罗·莱文森把始于 20 世纪 90 年代中期的基于互联网传播的媒介称为新媒介，同时又将 Twitter、Facebook 等社交媒体称为具有“人际传播”功能的“新新媒介”（new new media）。但他却又将同样借助 Twitter、Facebook 等传播的传统媒体排除在新新媒介之外。他说：“福克斯新闻网、CNN 和《纽约时报》也发送微博（原文如此），它们的网页上有链接突发新闻的 Twitter。在功能上，这些新闻网上的 Twitter 一般不回应。在这样的传播中，虽然接收者能用 Twitter 互相交流，但这里的 Twitter 是大众传播媒介，而不是人际传播媒介。”[①]

莱文森的意思很清楚，即尽管传统媒体纷纷建立社交账户，扩大社交传播，但其在社交平台的用户仍只能被动等待传统媒体生产的内容，在社交平台上的这些媒体仍然是“按约定运行的媒介”（media by Appointment）。[②] 事实也的确如此，无论美国还是中国，其报业利用社交媒体抵达受众的行为，仍可归属至以其为中心的大众传播范畴，只不过社交媒体作为数字分发平台，传播的范围更广了，受众群体更大了，获取信息的来源更多了。说到底，这样做是为报业融合发展和向数字端转型服务的。这一点，中美报纸没有区别，特别是在功能和动机方面。

甚至在粉丝量的分布上也较为相似。全国顶级报纸与其他报纸及地方报纸数量相去甚远：美国方面，截至 2018 年 8 月，《纽约时报》在 Twitter 上的粉丝量（followers）上遥遥领先（4 183 万），明显多于同为全国报纸的《华尔街日报》（1 588 万）、《华盛顿邮报》（1 272 万）和《今日美国》（364 万），更多于在转型上较为出色的区域报纸《洛杉矶时报》（325 万）和《丹佛邮报》（43 万），以及地方报纸《皮卡尤恩时报》（22 万）。中国方面，截至 2016 年 12 月 20 日，《人民日报》在微博上的粉丝量遥遥领先（4 945 万），明显多于排行第二位的全国报纸《中国日报》（2 566 万），以及排名靠前的区域性报纸《新闻晨报》（2 811 万）、《新快报》（2 355 万）和《南方都市报》（1 086 万），更多于占比近 24%、粉丝量在 100 万以内的

---

① ［美］保罗·莱文森：《新新媒介》（第二版），何道宽译，复旦大学出版社，2014 年，第 42 页。

② 同上书，第 7 页。

地方报纸。

两国报纸的差异，主要是报纸可资利用的社交平台规模、报纸社交媒体官方账户数量以及社交平台传播策略等方面的差异。

社交媒体规模方面，美国的社交媒体种类在 72 种以上，具有媒介属性而被报纸等新闻机构常用的社交媒体有 37 种，其中有 13 种用户规模在 2 亿以上的社交媒体为报纸所集中使用。如此大的规模，为报纸提供了多样化的抵达受众的渠道和丰富的平台选择机会。相比之下，中国的社交媒体种类要少得多。据艾媒数据中心 2019 年的统计数据，国内用户量最多的前 13 个移动社交平台中，用户使用比例超过 10% 的只有微信（73.7%）、QQ（43.3%）和新浪微博（17%）这三种，紧随其后的陌陌、知乎、探探都分别只有 9.3%、8.1% 和 7.7%。[①] 这 6 种社交媒体中，只有微信和新浪微博 2 种因具备新闻媒介属性而为报业等新闻机构所用。艾媒的调查未提及抖音、优酷等，估计是将它们归入视频媒体，列入另类了。但即便将抖音等加入，中国的社交媒体种类也远远少于美国的社交媒体。

社交账户数量方面，由于国际主流社交平台无法选择（只有《人民日报》《环球时报》等极少数报纸在海外开设 Twitter 等账户），而国内具有新闻媒介属性的社交媒体极为稀少，目前中国报纸的选择余地很小，只能入驻微信、微博和抖音、快手等寥寥几种社交平台。平台稀少而高度集中，这也是中国报纸社交媒体粉丝量大于美国报纸的原因之一。此外，中国报纸在社交平台上的官方账户数量

---

① 《2019 年中国网民最常使用移动社交产品调查》，艾媒数据中心，https://data.iimedia.cn/page-category.jsp?nodeid=29158287，2019 年 10 月 17 日。

也普遍少于美国报纸。以新媒体较为发达的《人民日报》为例，其官网显示的“全媒矩阵”中归属该报（不含子报子刊）的也只有微博、微信、抖音上各 1 个官方账户（这个图标未含微信子账户）。[①]尽管有包括《人民日报》在内的少数报纸开设较多微信公众号，但无任何报纸像《丹佛邮报》那样开设多达 200 个社交账户，且在 Twitter、Facebook 等单一平台就开设三四十个账户的情况。

图为人民网中人民日报全媒矩阵展示，右侧 3 个为社交媒体图标。

① 《人民日报全媒矩阵 / 融合传播》，人民网，http://media.people.com.cn/GB/n1/2019/1112/c14677-31451293.html，2019 年 11 月 12 日。

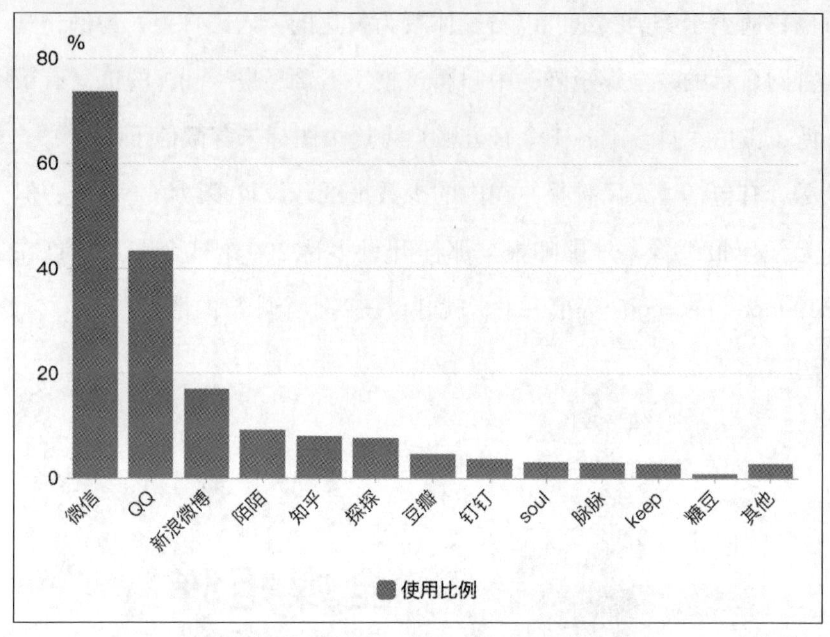

图 4.20　2019 年中国网民最常使用移动社交产品

来源：艾媒数据中心

传播策略方面，在主账户之外开设大量垂直账户是美国报业的普遍做法，这为细分市场、增强黏性、抵达更广大人群等转型目标做出了重要贡献。中国报纸大多数仍秉承少媒体、大传播的社交策略，在垂直细分市场的开拓挖掘方面乏善可陈。少数开设有较多微信公众号的报纸，多数公众号也只是区域细分，如全国报纸《人民日报》的“数字西北”“数字河南”“数字海南”“数字四川”“数字福建”，省级报纸《大河报》的“漯河”“汝州”“商丘”“洛阳”等地方新闻公众号。关于原创内容传播，美国报纸的占比都很高（样本报纸普遍超过 90%），而中国报纸的微博原创率较高而微信公众号原创率普遍较低（104 个样本报纸只有 6 个原创率超过 30%，平均原创率只有 3.53%）。

第五章

中美报业客户端应用的不同场景

移动新闻客户端（Mobile News App），简称 App，是一种基于智能手机的应用程序，也是智能手机出现后新闻在移动端传播的重要平台。自苹果公司商店（Apple Store）于 2008 年 7 月推出全球第一批可用于手机和平板电脑的移动 App，以及谷歌公司的 Google Play Store3 个月后推出基于安卓系统的类似 App 后，各类应用就急速增加，并引发席卷全球的 App 应用大潮。截至 2020 年第一季度末，苹果应用商店和谷歌应用商店的可用 App 数量，分别为 185 万个和 256 万个（Clement，2020）。[①]（苹果 App 的数量因清理旧 App 而从 2017 年初 220 万个顶峰时期逐年有所下降）。

就下载量而言，2018 年，苹果 App 的下载量达 1 940 亿次，较 2017 年的 1 780 亿次又有约 9% 的增幅；Google Play 的 App 下载量达 1 050 亿次。包括报业在内的新闻类 App 不仅占据较大比重，而且一直处于较高的增长态势。在 2018 年增长率前 13 名的应用类别中，报业 App 以 13.6% 的增长排第六位，仅次于个人理财、零售（含快递）、银行、食物（含外卖）和票务（Iqbal，2020）。[②]

① J. Clement, "*Number of Apps available in leading App stores 2020*", www.statista.com, May 4, 2020.

② Mansoor Iqbal, "App Download and Usage Statistics（2019）", www.businessofApps.com June 23, 2020.

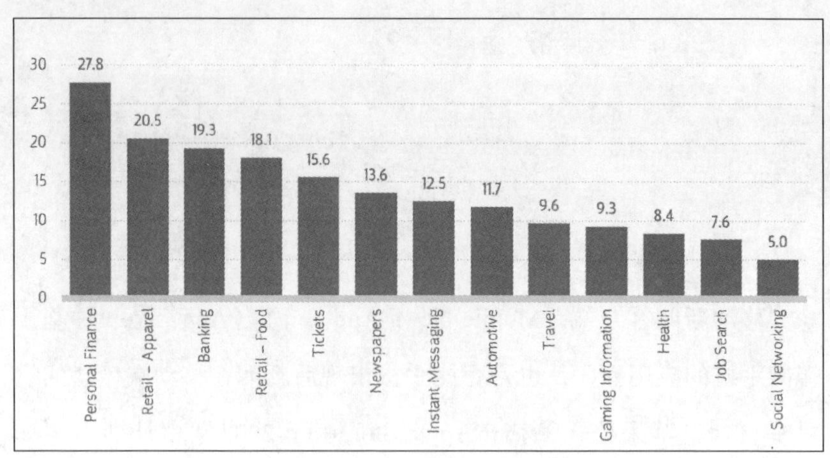

图 5.1　2018 App 平均增长率排名
（Average increase in reach for selected App categories）

来源：Comscore

第一节　美国报业 App 的全面崛起

在美国，“报纸和杂志都早已意识到，要想抵达年轻读者并踏入不断增长着的移动市场，至关重要的就是将自己的产品呈现于智能手机、平板电脑等移动平台，”而“App 的所有设计都是基于用户的需求”，于是成为“最佳的新式移动阅读资讯的生产者”（McMeekin，2012）。[①] 这一观点在很大程度上在美国报业形成了共识。

① Tara McMeekin, “Apps are lovelier 2nd time around”, www.newsandtech.com, 8 Apr, 2012.

一、报业 App 的产生与发展

美国第一个利用移动应用传播新闻的报纸是《纽约时报》。2008 年 7 月 10 日，苹果公司推出全球第一个移动应用商店 App Store，首批入驻 500 个 App，其中包括游戏、娱乐、日常应用、社交媒体和新闻资讯等类型。苹果公司创始人乔布斯将这一举动形容为“在一台装置上实现的三大产品革命”，即同时包含了“一种触屏式宽屏 iPod，一个革命性移动手机，以及一个打破现有互联网格局的通讯装备”(Simon Hill，2017) [①]。《纽约时报》作为首批 App 中唯一报纸媒体，最早享受到这“三合一”式的信息传播成果。

《纽约时报》的示范效应立即引起其他大报的注意和跟进，一批全国性或区域性主流报纸纷纷推出自己的 App。紧随《纽约时报》之后的有：《华尔街日报》(2009 年 4 月 15 日)、《华盛顿邮报》(2010 年 3 月 1 日)、《新闻日报》(Newsday，2010 年 3 月 5 日)、《今日美国》(2010 年 4 月 1 日)、《丹佛邮报》(2010 年 6 月 8 日)、《迈阿密先驱报》(2010 年 6 月 30 日) 等 (Hill，2017)。[②] 李氏集团 (Lee Enterprises) 是较早为旗下报纸全面开发 App 的美国大型报业集团之一，并于 2012 年对全部 52 种报纸 App 进行了更新。[③]《今日美国》的母公司甘尼特公司还提出了“移动记者 (Mobile Journalist，缩写

---

① Simon Hill, “From iOS 1 to iOS 11: how Apple’s iPhone OS has evolved since 2007”, www.digitaltrends.com June 29, 2017.

② Ibid.

③ Tara McMeekin, “Apps are lovelier 2nd time around”, www.newsandtech.com, Apr.8, 2012.

为 MOJO）”的概念，即配备移动办公设备如数码相机、智能手机、平板电脑等工具，在新闻现场创作稿件，迅速将专业的报道在移动平台 App 第一时间发布的无固定办公室的记者（耿磊，2015）。[①] 此后，App Store、Kindle 以及以 Google Play 为代表的安卓应用等平台出现越来越多的报纸面孔，但苹果应用仍居主导地位。美国媒体审计联盟（AAM，前身为报刊发行量稽核局）截至 2012 年底的一项调查显示，联盟成员中拥有 iPhone App 和 iPad App 的媒体分别为 85% 和 87%，报刊出版商在 Kindle 上的 App 也猛增了 2.5 倍，由 2011 年的 24% 增至 2012 年的 67%。AAM 数字服务副总裁 Eric John 表示：“媒体公司都知道，现在传播的关键就在于让消费者随时随地获得信息。”[②]

“报业 App 作为整体呈现报纸原创内容的移动应用，是对‘随时随地’的最好体现，就像当初人们将便捷性视为报纸超越广播、电视的最大优点一样。”（辜晓进、叶愉，2018）[③]

① 耿磊：《浅析移动互联网对美国主流报纸的影响》，《新闻战线》，2015 年第 7 期，第 84–87 页。

② Alliance for Audited Media, “Survey: With 90% of Publishers Producing Mobile Content, Digital Publishing is Now StatusQuo”，www.prnewswire.com Dec.17，2012.

③ 辜晓进、叶愉：《抵达与黏合：美国报业移动优先环境下的 App 策略研究》，《新闻大学》，2018 年第 3 期，第 45 页。

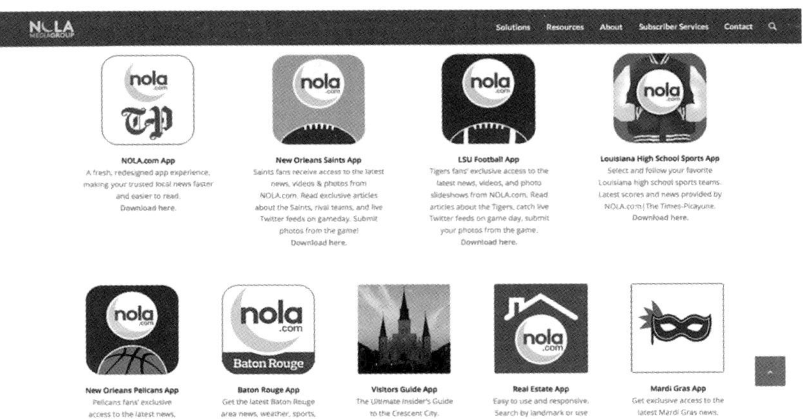

图 5.2　诺拉媒体集团旗下的 9 个客户端

来源：诺拉媒体集团网站截图

二、移动环境下 App 的普及应用

我的研究生叶愉曾在我的指导下，以美国发行量 5 万份以上的 81 家主流日报为观察样本，以权威客户端统计网站 App Annie 的数据为依据，对上述报纸的 App 运用情况进行了逐个统计分析。截至 2017 年 1 月 6 日，这些报纸在苹果、谷歌、亚马逊、微软四大应用下载商店共计推出了 19 个类别的 749 个 App，平均每种报纸有 9.25 个 App。[①]这些 App 已经从当初单纯的新闻传播向商务、娱乐、教育、餐饮等生活资讯和垂直领域拓展。

美国报纸的 App 主要由苹果应用商店和谷歌应用商店发布，其次为微软、亚马逊，还有少数采用黑莓系统。经与移动应用权威统

① 综合 App Annie 网站的 81 家报纸 App 数据所得。

计网站 App Annie 数据查验比对，样本中的所有报纸均在苹果应用商店发布了适用于 iOS 系统的 App；71 种报纸在谷歌应用商店发布适用于 Android 系统的 App，占 88%；同时有 41 种报纸在亚马逊应用商店发布的基于 Kindle 应用的 App；39 种报纸选择在微软应用下载商店发布 App 的报纸为 39 家，后两者分别占样本总体的 51% 和 48%。

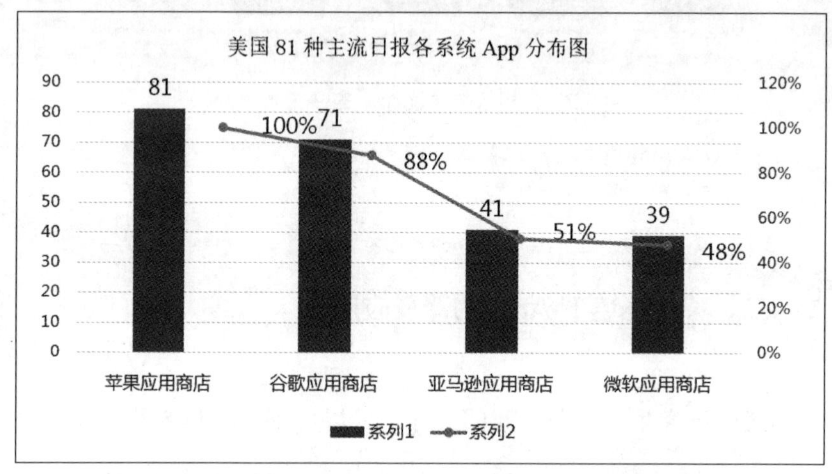

图 5.3 美国 81 种主流日报各系统 App 分布

来源：叶愉根据 App Annie 数据统计

统计中发现，绝大多数报纸都选择了跨系统发布，即同时采用 2 种以上不同系统的 App。如《纽约时报》的 App 就覆盖了所有系统及手机、平板电脑、Kindle 等不同终端（包括黑莓系统）。在样本报纸中，有 25 种（约占 31%）在 4 大应用商店都发布了 App；28 种（约占 34%）在 3 大应用商店发布，其中 17 种（约占 21%）在苹果、谷歌、亚马逊应用商店发布，11 种（约占 13%）在苹果、谷歌、微软应用商店发布；仅在两大应用商店发布 App 的报纸有 21 种（约占 26%），其中 18 种（约占 22%）在苹果、谷歌应用商店发布，3 种（约占 4%）在苹果、微软应用商店发布；只有 7 种（约占 9%）报纸样本仅在苹果应用商店一家发布 App。

上述数据表明，美国报业不仅积极开发各类 App，其中的大多数还力图覆盖所有应用平台，以期通过这种移动应用系统抵达尽可能多的人群，进而实现数字端受众规模的最大化。而这正是报业转型追求的最重要目标之一，也是建立基于数字端的新型商业模式的重要前提。

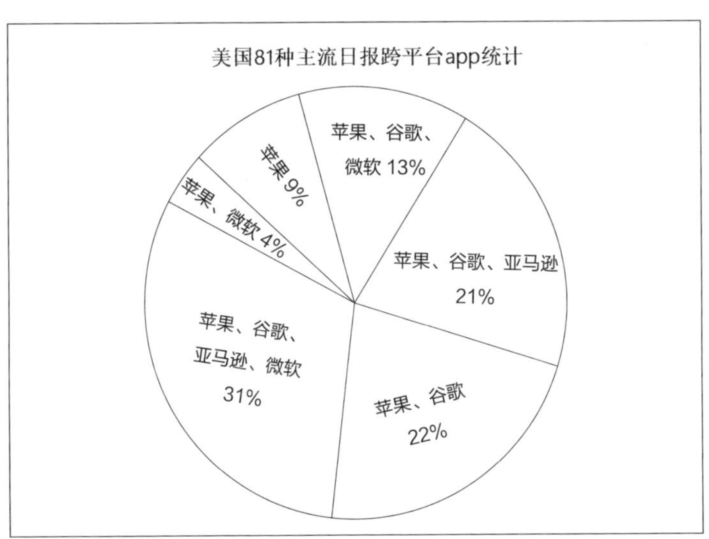

图 5.4　美国主流日报跨平台 App 统计

来源：叶愉根据 App Annie 数据统计制作

三、主流报纸成 App 开发大户

在所有报纸样本中，4 大全国性报纸成为开发 App 的领头羊，其中《今日美国》《华盛顿邮报》《华尔街日报》在 App 开发总数上名列前三名，分别为 67 个、47 个和 37 个。《纽约时报》居第五，34 个。[①] 这一规模，与这些报纸在数字化转型上的积极姿态，特别是对移动优先战略的努力实施是完全一致的。4 大报中，《华尔街日报》是美国最早实施数字收费的主流报纸；《今日美国》近年利用母公司旗下日报品牌数量众多的优势，组成报纸网络以扩大读者规模；《华盛顿邮报》自 2013 年被亚马逊创始人贝佐斯收购以来，在数字转型上发力甚猛；《纽约时报》则是全球瞩目的报业转型典范。近年来，这 4 大报纸都把更多的资源投入到社交媒体和 App 这两大移动传播平台上，其数字受众的大部分均来自移动平台。

一些大都市报纸，或在所属州名列前茅、在转型方面积极进取、不仅覆盖所在城市且具有区域传播功能的著名报纸，则是开发大户的第二方阵。名列第四、数量在《纽约时报》之上、笔者 2016 年前往调研的《达拉斯晨报》，拥有 36 个 App。该报在德克萨斯州的发行量虽屈居排行第一的《休斯敦纪事报》之后，但在融合转型的道路上却起步更早、决心更大、效果更好，甚至在数字收费的尝试上早于《纽约时报》，是美国报业转型的地方典范，其数字覆盖范畴已超越达拉斯市，延伸至周边多个城市，甚至抵达德州首府。笔者同

---

① 需要说明的是，这些 App 的数量都是 App Annie 网站上的开发记录，与当前实际使用的数量略有出入。如《纽约时报》的 NYT Opinion、NYT Now 已于近两年先后关闭，却仍记录在案。

样曾前往调研的《丹佛邮报》，App 数量与《纽约时报》并列第五，达到 34 个（但据笔者在美调研期间订阅该报数字产品的观察，数量已经有所减少）。该报在利用 App 实现对垂直细分市场的覆盖方面成绩显著（详见后文）。其他拥有 12 个以上 App 的报纸还包括《新闻日报》（26）、《迈阿密先驱报》（20）、《亚利桑那共和报》（17）、《底特律新闻》（13）、《纽约每日新闻》（12）等，都是名气很大的主流日报。有 20 种此类报纸拥有 10 个以上的 App。①

在报业集团层面，数量更为可观。截至 2016 年 6 月 30 日，甘尼特公司、论坛媒体集团、新闻集团、赫斯特集团、前进出版集团五大报业集团的 App 数量分别为：691 个、208 个、374 个、371 个、186 个。②

第二节　App 在美国报业转型中的作用

报业转型的核心，是顺应信息传播的大趋势和受众获取信息方式的巨变，向数字平台迁移，进而抵达更大规模的读者，建构新的盈利模式。而移动优先或移动化转型已成为美国报业改革的主要战略。在此过程中，App 在开拓新型市场、扩大受众规模、丰富报纸内容、创新呈现和传播方式、探索盈利前景等方面都具有突出的作用，将其视为报业转型的重要途径并不为过。

① 综合 App Annie 网站的 81 家报纸 App 数据所得。

② 根据 Appannie.com 2016 年 6 月 30 日各报业机构数据汇总。

一、App 扩大了报纸的受众规模

在 PC 网站、社交网络、移动客户端三者中，移动客户端起步最晚，但也发展最快。报业 App 作为移动客户端的一个重要种类，对报纸在数字平台吸纳用户、扩大受众规模，正发挥着越来越重要的作用。

《纽约时报》和《华盛顿邮报》的数字收费订户都超越了纸媒订户，其中《纽约时报》的数字订户是纸媒的 5 倍。尽管两报都未公布其收费 App 的下载量和使用量，但随着移动阅读成为主流和 App 总体下载量的大幅增加，其在收费数字受众中的占比不断增大应是不容置疑的。以《纽约时报》一个小的收费 App“填字游戏”（NYT Crossword）为例，其推出 2 年多也获得了 20 多万的“独立订户”。免费 App 的下载和使用人数就更广泛了。以《纽约时报》备受欢迎的美食 App T–Cooking 为例，笔者 2016 年与该报高管访谈时，其月活跃用户已达 700 万。[①] 从美国报业 App 的操作实践看，很多即便设置付费墙的报纸，也会开发多个免费 App，以求最大限度地扩大移动数字受众规模。《纽约时报》众多 App 中，收费的只有 3 个，其余皆免费，包括 2015 年隆重推出的虚拟现实版 App NYT VR。就连坚持实施“硬付费墙”（主 App 不交费就无法打开）的《华尔街日报》，也将其直播 App WSJ Live 设置为免费。李氏集团旗下报纸 App 的下载量，在 2011 年 2 月至 2012 年 2 月的一年内，就增加了 3

---

① 辜晓进.《纽约时报：多媒体嵌入已成常态》，《新闻战线》，2016 第 9 期（上），第 142–145 页。

倍，总浏览量达 3 150 万。[①]

虽然笔者尚未查到关于美国报纸 App 受众的面上数据，但各报如此积极地开发 App，目标所指都是扩大受众群。且从目前的效果看，扩大受众显然优先于赚取利润。就像贝佐斯为《华盛顿邮报》设定的目标那样："大受众量优先，赚钱其次。"（Doctor，2015）[②]

二、App 丰富了报纸的内容生产

这是 App 最令人鼓舞的方面。对美国样本报纸的分析显示，平均每种报纸 App 的数量多达近 10 个，全国性报纸更在 30 个以上。这么多 App 究竟有什么功能？报纸可用来干什么？答案是，它们中的绝大多数指向了垂直细分市场和生活资讯服务等领域。

美国 81 种主流报纸共 749 个 App，大致可分为 19 个细类，即新闻、体育、旅游、财经、教育、天气、餐饮、生活、娱乐、导航、工具、游戏、效率、保健、医疗、音乐、设备、视频播放与应用、购物。其中，新闻资讯类有 546 个（也包括专业兴趣方面的新闻资讯），非新闻类为 203 个。从这些分类可以看出，App 不仅是对母报内容的移动化传播，而且明显强化了专业报道，拓宽了覆盖领域，丰富了报纸的内容生产，在各类垂直细分市场有效拓展了受众规模。样本报纸中除《华尔街日报》是偏财经媒体外，其余都是综合性新

---

① Tara McMeekin. *Apps are lovelier 2nd time around*, www.newsandtech.com, 8 Apr. 2012.

② Ken Doctor. *Is the Washington Post Really the Newspaper of Record*? www.newsonomics.com, 6 Dec. 2015.

闻日报。对这些报纸而言，App 的最大魅力之一，就是彻底改变了早期报纸网站仅是报纸内容“搬运工”的局面，强化了报纸在某一优势领域的内容生产，并通过对新的垂直领域的发现与挖掘，提升分众服务能力，抵达新的读者群。

根据对美国报纸的实地调研和对其 App 产品的持续观察，在操作层面，美国报业的 App 是按五大类型进行开发和布局的：第一种类型是综合新闻，主要用于发布本报原创新闻内容；第二种类型是专业兴趣，主打特殊兴趣群体；第三种类型是生活服务，主要提供生活资讯和便捷化服务；第四种是区域，主要针对某个特定区域，如某个特定城市、某个社区等；第五种类型是活动和事件，即专为某个临时或相对长期的活动或重要事件而开发的（辜晓进，2016）。[①] 这五大类型的功能和特点详述如下：

1. 综合新闻类型

这是最重要的类型，也是各报最早开发的主打项目，这里称其为“主 App”。对建有付费墙的报纸而言，也往往将这“主 App”纳入付费范畴。而与借助社交媒体进行碎片化传播相比，App 的最大优势就是对母报原创内容的整体性、全局性、即时性（更多报纸是优先性）传播，以此提升新老读者对母报品牌的忠诚度。

综合新闻类型的 App 是各报的标配，且门类齐全，是真正意义上的母报移动版。以《纽约时报》的主 App“NYTimes”为例，就

---

① 辜晓进：《美国报业转型的五大发展趋势》，《全球传媒学刊》，2016 年第 9 期，第 18–32 页；《新华文摘》（数字版）2017 年第 7 期，第 890–901 页。

设有 31 个频道或栏目，从要闻（Top Stories）、最关注新闻（Most Popular）、评论（Opinion）、国际（World）、国内（U.S.）、本地（New York），到政治 (Politics)、财经（Business Day）、技术（Technology）、科学（Science）、健康（Health）、体育（Spots）、读书（Books）、旅游（Travel）等，母报内容应有尽有，几乎囊括该报纸质版所有门类。在笔者观察到的美国报纸新闻类 App 中，NYTimes 是最庞大的新闻应用，很多读者只订阅这个 App 就够了。该 App 每 4 周订费 14.99 美元，如果订阅包括 PC 版在内的全部数字产品，每 4 周要 35 美元；如果订纸质报纸，每月 60 美元以上。相比之下，《华盛顿邮报》主 App“Wash Post”的频道看上去少很多，共 15 个，但每个都有 2–3 个二级专栏，也将该报的要闻、政治、财经、体育、评论、娱乐等主要内容都涵盖进来了。《今日美国》的主 App 名称与母报一致：“USA TODAY”，有 11 个频道。但该 App 最后有一个强大的地方专栏“USA TODAY NETWORK”，这是该报与母公司旗下各地主流日报的合作产物，订户可以选择最多 5 个城市作为自己的“本地”加以关注，以了解这些地方的每日新闻。

各报除了主 App，还配套发布较小类别的新闻 App，如《华盛顿邮报》有一个压缩版的 App（10 个频道，无二级专栏），《纽约时报》的评论 App NYT Opinion 和发布即时新闻的 NYT NOW（2016 年停止发布），《华尔街日报》与头版最受欢迎的导读专栏同名的 What’s News，《芝加哥论坛报》的图片新闻应用 Chicago Tribune PHOTOGRAPHY。而 ePaper 之类母报原版式内容的呈现，各报大都选用平板电脑发布 App，且多数都要收费。

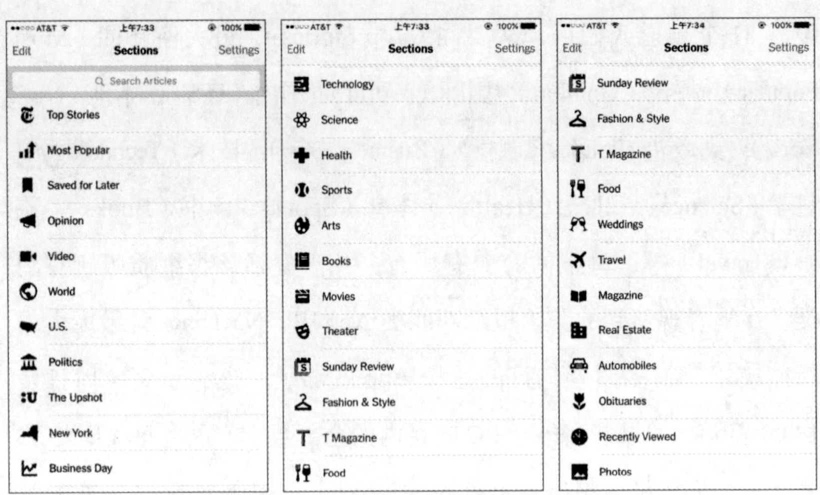

图 5.5 《纽约时报》主 App 包含的栏目（频道）

来源：辜晓进 2016 年 4 月 16 日手机截屏

2. 专业兴趣类型

这是总体数量最多、最丰富多彩，也是各报最富创意的 App 种类，也就是所谓的垂直类型或“利基”类型。其中有一些是报纸原有优势专版、专栏的延伸，但更多的是根据受众兴趣、地方特色、最新流行等开发的全新品种。其目的是拓展垂直细分市场、强化服务功能。“报业员工在开发综合新闻 App 同时，正以更多的精力发展专业兴趣 App（niche Apps），以让报业内容更好地适应移动信息消费的需求。”（Levitz，2013）。[①]

这一类型中有一些属于各报常见的项目。如美国作为头号体育

① Dena Levitz. “Best Free Newspaper Apps: Serving a Niche, Providing Utility”. Mediashift.org, 28 May, 2013.

强国和民众体育兴趣广泛的国家，体育类 App 在各报最为普遍。如《亚利桑那共和报》的 Azcentral Sports、《丹佛邮报》的 Denver Post Sports、加利福尼亚《新闻电讯报》的 Press-Telegram Prep Sports、《匹兹堡邮报》的 Steelers Nation、《迈阿密先驱报》的 Miami Herald High School Sports、纽约《新闻日报》的 Newsday Sports 等。由于高中生是美国各职业运动队（特别是球类）的后备资源，高中体育赛事便备受社会关注，很多报纸专为高中体育（特别是高中篮球）设置一个 App。《迈阿密先驱报》共有 9 个体育 App，是样本报纸中体育类最多的，其中最有影响的就是五大橄榄球队 App 和 "HS SPORTS"（高中体育）。美国较好的职业球队都有大量球迷和粉丝，做好这类 App 便会赢得一大批忠实受众。更多的体育 App 凸显了地方特色，如《水牛城新闻报》的军刀曲棍球 BN Hockey、《今日美国》的格斗体育 MMA Junkie、《丹佛邮报》的滑雪指南 Colorado Ski Guide 等。笔者访问过的诺拉媒体集团（新奥尔良最大报纸《皮卡尤恩时报》和门户网站 nola.com 的母公司），其 9 个 App 中最受欢迎的也是针对当地职业橄榄球队粉丝创建的 New Orleans Saints App（新奥尔良圣徒队客户端）。

旅游也较为普遍。作为汽车王国的美国，旅游资源丰富，民众酷爱出行，具有地方特色的旅游 App 也成了很多报纸在设计移动应用时的重要考量，如《迈阿密先驱报》整合迈阿密地区牙买加岛屿旅游信息的 OUR JAMAICA。其他还有种类繁多的专业兴趣类 App，如《达拉斯晨报》颇负盛名的 App FD for iPad，《华尔街日报》的财经 App Market Watch（现直属该报母公司道琼斯公司），《亚利桑那共和报》的教育 App Mesa Educates U，《今日美国》的个人理财

App Portfolio Tracker 等。科罗拉多州成为美国第一个解禁大麻的州时，《丹佛邮报》在上线 PC 端和 iTunes 端的“大麻”网站（The Cannabis）的同时，推出同名 App，被评为当年报纸 10 大专业数字产品。该报还为园艺爱好者开发了 Garden Colorado。《纽约时报》有 75 年历史的填字游戏（Crossword）也推出了 App。

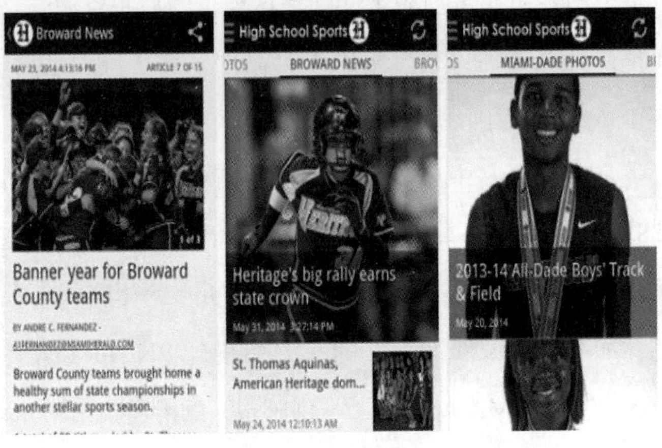

图 5.6 《迈阿密先驱报》的高中体育 App

来源：Google Play

图 5.7 《丹佛邮报》滑雪（左）、旅游（中）和园艺（右）App

来源：itunes.Apple.com，丹佛邮报官网（右）

3. 生活服务类型

此类 App 以贴近读者、增强用户黏性为目标，追求便捷、易用，力图培育刚性需求。天气服务是较为常见的应用。美国有强大的气象即时服务，但地方化、个性化的天气服务仍深受欢迎。如丹佛是多雪地区，每年最早 10 月份就会见到雪，笔者 2016 年 5 月初在《丹佛邮报》调研时还遭遇雪天（尽管那时的气温并不低）。《丹佛邮报》推出专门预报下雪的 DP Snow Report，既为民众服务，也为滑雪爱好者着想。《坦帕论坛报》的天气 App 结合 GPS、雷达探测系统，预测 10 天内天气走势，并分析用户当前所在位置的天气指数、道路状况，随时向用户发出天气预警。

一些报纸还开发了美食、菜谱类 App，最著名的是《纽约时报》的 T-cooking，特点是每天推出多款简易实用、口味不同的美味菜谱，每个都有全套示范，为家庭主妇们所喜爱。其次是《旧金山纪事报》的“湾区 100 家最好餐厅”（Top 100 Bay Area Restaurants），曾被评为最好的免费专业兴趣 App（Dena Levitz，2013）。[①] 加州的《新闻电讯报》甚至开发 2 款餐饮 App，其中的 KIDS EAT FREE 专门提供儿童免费餐厅信息。《丹佛邮报》还有啤酒指南 DP Beer Guide。其他还有交通、购物等服务。《华盛顿邮报》的 DC Rider 是华盛顿特区的地铁导航 App，不仅实时显示地铁班次、拥堵情况等信息，还设有到站提醒等功能。《新闻日报》的 News 12 Traffic 则每天 12 小时发布纽约地区的交通实时现况，远胜我们在汽车上必须

---

① Dena Levitz, “Best Free Newspaper Apps: Serving a Niche, Providing Utility”, www.mediashift.org, 28 May, 2013.

忍受大量广告和不相干内容才能“偶尔”听到路况的国内很多交通电台。

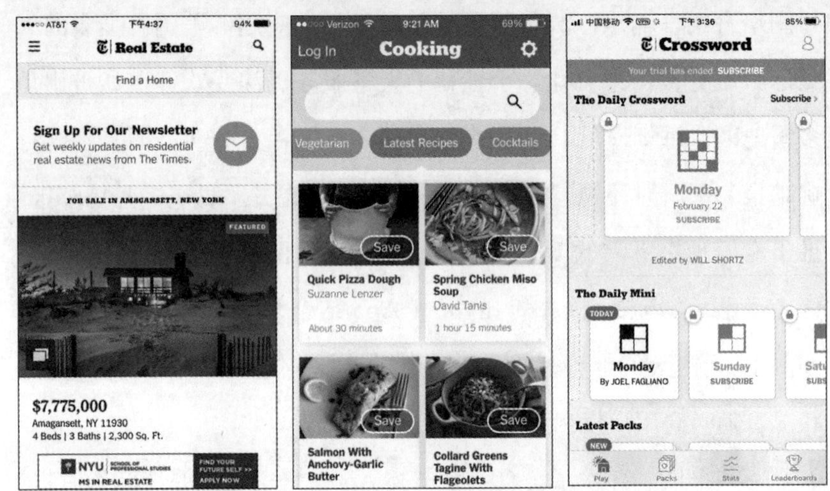

图 5.8 《纽约时报》服务类 App：房地产（左）、美食（中）、游戏（右）

来源：辜晓进 2016 年 5 月 5 日（左）2021 年 2 月 22 日（右）手机截图，《纽约时报》官网（中）

4. 区域类型

这种类型的思路有点像传统报纸的地方版或社区版，是为特定区域或族群服务的，旨在通过加强数字端对某些目标市场的新闻覆盖和信息服务（也包括生活资讯），实现市场扩张。

《纽约时报》是全国性大报，且事实上已成为国际化大报。该报没有地方版，但却开发了一个面向大纽约地区的 App：The Scoop。由于该报主 App 上已经有一个纽约本地新闻专栏，该 App 便不再报道新闻，而主要传播吃喝玩乐方面的生活资讯，包括餐饮、酒吧、交通、购物、艺术、影视、百老汇演出、博物馆等，应有尽有，且都有定位服务，几乎可以满足在纽约居住的全部生活资讯需求。路易斯安纳州最大报纸《皮卡尤恩时报》转型为数字优先的诺拉媒体集团后，旗下 9 个 App 中就包含 Baton Rouge，这是专门覆盖该州首府巴吞鲁日的。该集团已经是所在地新奥尔良市的媒体老大，现在通过 App 向第二大城市延伸，相当于数字平台上的地盘扩张。

在族群服务方面，很多报纸都开发了针对母语为非英语的民众的 App，如《纽约时报》《华尔街日报》的中文 App,《迈阿密先驱报》等多家报纸的西班牙语 App 等。

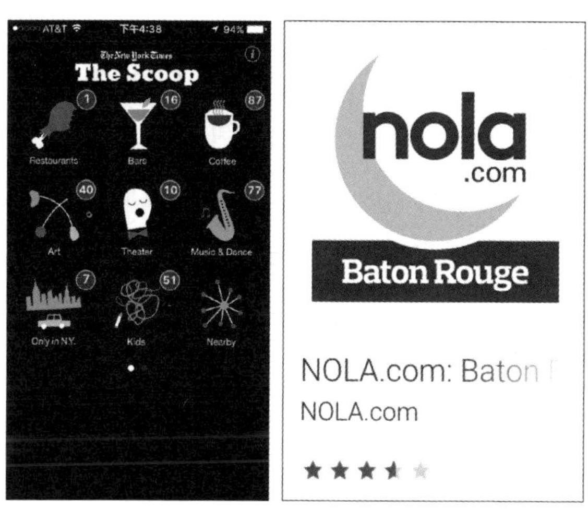

图 5.9　纽约时报的 The Scoop（左）和诺拉媒体集团的 Baton Rouge（右）

来源：辜晓进 2016 年 5 月 5 日手机截图（左），诺拉媒体集团官网（右）

5. 活动类型

这一类型是针对延续时间较长的大型政治、社会、文化活动或体育赛事设计的相对临时性的 App。较为典型的是《华盛顿邮报》为 2016 年总统大选设计的兼具时政知识和游戏功能的 Floppy Candidate。

在此之前，该报还推出专门关注选举投票和民意测验的偏新闻类 App Poll Watch。2016 年 7 月下旬，丹佛举办一年一度的大型音乐节 Underground Music Showcase,《丹佛邮报》每年都会为此推出官方 App，提供演出时间表、节目内容、艺术家介绍、场地场次等资讯。

三、App 优化了报纸的传播方式

2016 年访美期间，笔者每天观察《纽约时报》App，获得的最深切感受是，这种呈现方式大概就是人类较为理想的阅读工具，因为它已经实现了多形态嵌入的日常化发布，并做到对重要事件的无限次更新。多形态嵌入是指在一篇新闻中，不仅有文字，还常常嵌入有音频、视频、图表、幻灯片等目前所有传播形式，给人以前所未有的阅读视听体验。例如在一则报道鲸鱼与海豚"对话"的科技新闻里，其多个段落都附有音频按钮，点击便可听到鲸鱼和海豚的声音以及它们"对话"的音频。

2016 年 5 月 3 日，又是一个"竞选星期二"，美国两党在印第安纳州的党内竞选出现重大变化：共和党候选人特朗普因为其主要竞争对手克鲁兹宣布退出而奠定了共和党总统候选人的地位；桑德斯在该州击败希拉里拿下一城，向民主党候选人的宝座走近一步。《纽约时报》主 App 的报道十分详细，不仅有洋洋数千言的文本内容，还插入三段视频，分别是特朗普、桑德斯和克鲁兹在竞选现场的讲话要点。这些视频对报道中的引语起到了重要验证作用，其表现出的人物表情和现场气氛更是文字描写所难以替代的。这篇报道除了上述视频外，文中还嵌入 13 幅现场幻灯片，可横向左右拉动而不影响纵向阅读。

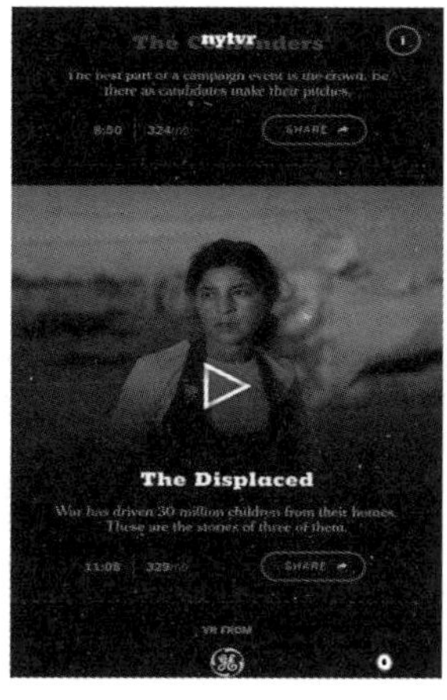

图 5.10 纽约时报 App 上的多形态呈现（“王子”去世，VR，超级星期二）

来源：辜晓进分别手机截图于 2016 年 4 月 21 日、5 月 2 日、5 月 4 日

同年 4 月 21 日上午，该报对七次格莱美奖获得者、美国超级歌星“王子”（Prince Rogers Nelson）去世的突发报道也令我大开眼界。在当日不断更新的报道中（至下午 6 点，已更新了 6 次），其 App 新闻愈发丰富，不仅有详细的文字，还嵌入“王子”近期的演出、《纽约时报》过去对其的专访、“王子”最著名的专辑片段、最受欢迎歌曲排行、民众献花悼念、奥巴马总统表达悼念等视频、音频、图表等信息。如此丰富的表现形式和如此快捷的更新传播，彻底颠覆了传统纸媒延续几百年的新闻报道模式。

App 对报纸传播方式的改变还表现在多个方面。例如多屏传播，其中的平板电脑作为屏幕尺寸较大的移动终端，在发布报纸原版式内容上有独特优势，颇受传统报纸读者的欢迎；例如穿戴传播，最突出的是苹果手表（Apple Watch），其推出不久，《今日美国》《华尔街日报》《华盛顿邮报》等就发布了用于该手表的界面为四方形的

App；例如视频传播，App 目前已成为报纸直播视频和新闻短视频的最主要承载工具，很多报纸开发了专门用于发布视频的 App，《纽约时报》等甚至已发布专门传播 VR 新闻的 App；还有定制传播等。

此外，App 上的多种便捷按钮或特别频道，也为受众带来很大方便。如《纽约时报》和《华盛顿邮报》的主 App 上都有一个频道叫作“有空再读”（Saved for Later），读者在发现某篇自己感兴趣的文章而暂无空细读的情况下，可点击该按钮，该文便自动存入这个频道，等有空时再阅读。《纽约时报》还有一个频道是“最近阅读”（Recently Viewed），会自动将你最近读过的内容依时间先后排列在此，方便读者想引用或回忆最近的阅读内容时随时查阅。这两个功能我都经常使用，用户体验非常好。

通过 App 实现的传播方式的上述变革，大大丰富了报纸在数字端的表现形式和传播方式，也为受众带来更多方便，为报业的数字化转型提供了更加充足的理由。

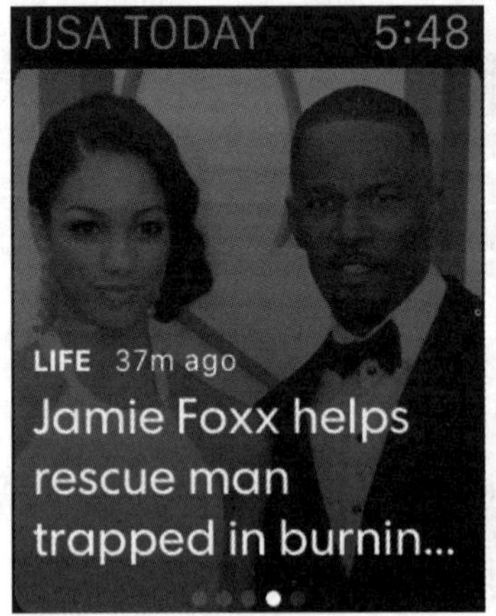

图 5.11 《今日美国》（左）和《华盛顿邮报》（右）的苹果手表 App

来源：2016 年 1 月 19 日（左）2016 年 8 月 31 日（右）两报 Apple Watch 截图

四、App 为新盈利模式建构做出贡献

和报纸所有数字平台的情况一样，App 的盈利模式仍在探索和建构中。特别是在整个数字传播空间，谷歌、脸书、雅虎等互联网巨头占据垄断地位，且呈强者恒强之势，而报纸等传统媒体处于弱势，其盈利模式的建构就更加困难。但从目前美国报纸的探索情况看，App 已在以下三条可盈利路径促进了新盈利模式的建构：

1. 订阅收益

这主要针对已经实施付费墙策略的报纸，而美国至 2016 年 2 月已有超过 79% 的日报采纳了这一策略（Williams，2016）。[①] 这些报纸通常会将数字端的收费延伸或覆盖到主 App 以及部分垂直 App，也会专门为 App 设置收费政策。如《纽约时报》全部数字产品每 4 周的打包订阅价为 35 美元，只订阅 App 的费用为 14.99 美元（《华盛顿邮报》是每月 9.99 美元）。由于 App 内容丰富、使用方便，包括笔者在内的很多订户都选择了只订 App，后者便成为该报的净增收入来源。笔者注意到，该报主 App 尽管多达 31 个频道，却有意“遗漏”了该报备受欢迎的填字游戏，而推出了单独收费的 NYT Crossword。读者订阅这个 App 每年需交费 39.95 美元。推出两年多，订户已达20万（Tazer，2014），[②]这样一个游戏小产品每年收入就达

① Alex T. Williams, “Paying for Digital News: The rapid adoption and current landscape of digital subscriptions at U.S”, www. americaninstitute.org, 29 Feb, 2016.

② Myles Tazer, “New York Times Crossword Puzzlers Revolt Over New App”, www. buzzfeed.com,12 June, 2014.

近 800 万美元。2019 年第一季度，该报这款填字游戏 App 的订户已超过 50 万，较上年增长 10 万。按此增速推算，目前其付费订户应已超过 70 万。[①] 该报另外两个收费的新闻 App（NYT Opinion 和 NYT Now）也曾为该报带来一定收入，后因订阅人数未达预期而先后关闭。该报的美食 App Cooking 的订费目前按人民币计算为每月 35 元，每年 283 元，付费订户超过 60 万。[②] 这两款 App 的订阅价格都大大超过其主 App 的订费。2020 年疫情期间，为满足因餐馆关闭而带来的烹饪需求，该报临时取消了 Cooking 的收费，这导致该 App 截至 2020 年 11 月的当年独立访客量同比上升 66%。[③]《华尔街日报》的 What’s News 也是一个可单独付费订阅的 App，读者既可打包订阅该报全部数字产品，也可以不到半价订阅这个 App。订阅收益也包括少数报纸 App 的有偿下载，但各报为扩大订阅，往往取消了这一门槛，如《华尔街日报》。

① Mark Stenberg, “The quiet ascendency of New York Times Cooking”, www.medialyte.substack.com, January 13, 2021.

② Ibid.

③ Steven Perlberg, “When terrible things hAppen, our numbers go up”: How NYT Cooking is Approaching the pandemic, politics and inclusion. www.digiday.com, November 2, 2020.

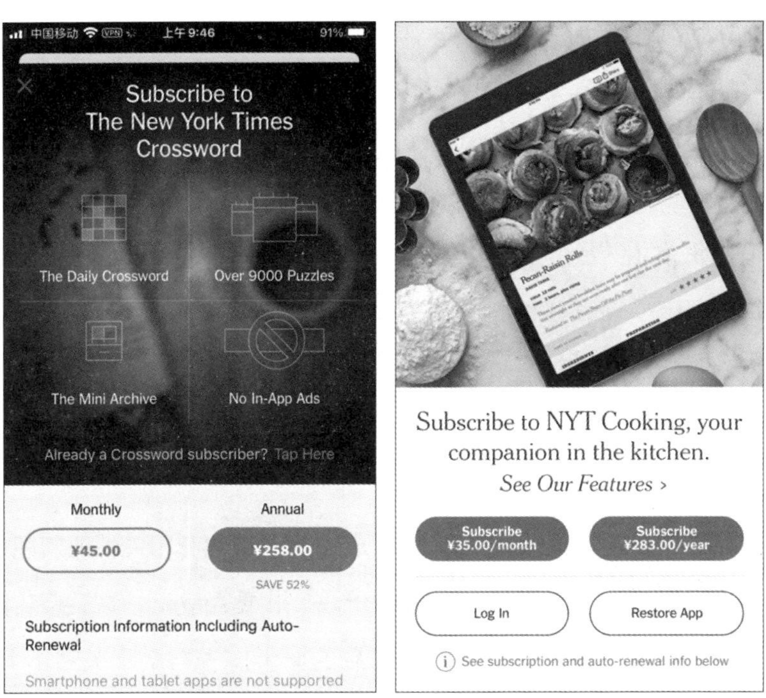

图 5.12 《纽约时报》Crossward 和 Cooking 首页订价（自动换算为人民币）

来源：辜晓进 2021 年 2 月 21 日手机截图

2. 广告收益

美国商家在各类 App 上投放的广告呈逐年迅速增长的趋势，2015 年高达 315 亿美元，预测 2020 年可达 770 亿美元。[①] 对报业 App 而言，广告也是最主要的收入来源，其表现形式为插入式广告和原生广告。但由于手机屏幕较小，广告的设计和放置都需十分谨慎，以维护好用户体验，处理不好就会影响阅读，引起用户反感，

① 转引自戴睿云：《美国新闻客户端趋势：好看 分享 多维度 容错创新》，《传媒评论》，2016 年第 11 期，第 52–55 页。

进而导致活跃量下降。

插入式广告常见于在目录间或文章段落间放置的广告，通常广告商有文首、文中和文末等位置选择，价格不等。美国主流报纸对此的处理都较为稳妥，即以不影响阅读和不招致反感为要，表现在占据面积很小，常常只有一个标题，要点开才能看到广告，无兴趣者可以忽略，而且文体和格式与新闻正文有明显的区别并注明“广告”字样，以防产生混淆。而且，就连这个标题小横条也可以随时关闭，只不过《华盛顿邮报》在你关闭时会问“为何关闭”并给几个回答选项，似有点多此一举。

原生广告多以图片或品牌 logo 形式镶嵌在具有相关性的新闻的正文或标题旁边，有兴趣者可以点开。在报纸 App 上，这类广告的形式更加温和，对阅读影响更小。有的原生广告与文章关系不大，却与用户的兴趣产生关联。《纽约时报》用户发展部副主任 Lauren Reddy 说：“如果我们发现某读者喜欢视频胜过图片，我们就会（根据用户数据）在相关的视频推送旁加入一段视频原生广告。”①

3. 合作收益

这里主要指合作营销 App 的收益和通过 App 跟踪报道的活动收益。从调研中获知，美国报业目前普遍将举办活动（包括针对用户的定向服务）作为仅次于发行和广告的第三种收入来源。《丹佛邮报》的 Underground Music Showcase，就是与音乐节主办方合作，作为音

① “Growing engagement with native ads: The New York Times’Approach”, www.doubleclickbygoogle.com, June 2016.

乐节的官方 App 对活动进行推广和服务，进而在活动中分成收益的。《纽约时报》的美食 App 在成功获得大量用户后，于 2016 年 5 月宣布将推出与快餐制送公司“大厨”（Chef’d）合作的送餐服务，即该报从 App 数据库中 17 000 种菜谱选择最受欢迎的 20 种接受订餐，Chef’d 将从接受订单起的 48 小时内，按用户需求制作并送至全美除夏威夷和阿拉斯加的全部 48 个州的家中，两人份的价格在 19–39 美元之间（Houston，2016）。[①] 这一服务已于 2016 年 7 月 18 日开始实施，《纽约时报》已将其列为新的“用户收入来源”（reader–revenue source）（Doctor，2016）。[②]

第三节　中国报业 App 的发展特点

就时间而言，中国报纸的 App 并不比美国同行晚多少，而且发展也较快，并与两大社交媒体合并形成“两微一端”的移动传播格局。但 App 在中国报业的发展，也呈现出与美国不太一样的应用场景和传播态势。

① Gillie Houston, “The New York Times Introduces New Food Delivery Service”, www.foodandwine.com, 6May, 2016.

② Ken Doctor, “Times shuts down NYT Now mobile App”, www.politico.com, 18 Aug, 2016.

一、中国报业 App 的集中涌现

2009 年 9 月 6 日，China Daily（中国日报）开通国内平面媒体在 Apple Store 的第一个客户端。10 月 28 日，以长篇文章和深阅读著称的《南方周末》在 iPhone 上首推 App，出人意料地成为中国中文媒体第一个移动客户端。在手机这样的小屏上能呈现和阅读长文章，而且点击方便，呈现迅速，这引起中国报人们的极大兴趣。而此前，中国已有《解放日报》和《广州日报》先后采用电子阅读器方式尝试移动电子报纸，但都失败了。这些电子报“最难忍受的就是速度太慢，每点击一个文章区，至少要等待 4 秒钟才能实现切换，读一个报纸版面要反复切换多次，需要很大的耐心”（辜晓进，2015）。①

《南方周末》之后，国内多家报纸陆续跟进，至 2011 年已形成一个小高潮。这一年国内有 170 种报纸推出 App（冷梅等，2013）。② 而据人民网研究院 2016 年 3 月发布的《2015 年中国媒体移动传播指数报告》，截至 2015 年 12 月底，“排名前 100 名的报纸中，只有 11 家没有自有客户端”③。截至 2018 年底，据人民网研究院对 284 种报纸进行统计，其中 90.8% 开通了自有客户端。④ 一年后，人民网

---

① 辜晓进：《借移动上位，穿越“虫洞”的体验——2014 年中国内地报业数字转型述评》，《新闻战线》，2015 年第 1 期，第 12 页。

② 冷梅、王琪、刘扬：《移动新闻 App：中国报纸的数字转型机遇》，人民网，2013 年 6 月 8 日。

③ 高春梅：《报纸新闻客户端的发展现状及趋势》，《青年记者》，2016 年 10 月上，第 52 页。

④ 《2018 中国媒体融合传播指数报告》，人民网，2019 年 3 月 26 日。

研究院又对 295 种报纸进行评估，发现有 212 种报纸及其所属报业集团建有自有安卓客户端 275 个、苹果客户端 151 个。平均每个安卓客户端在 12 个安卓商店的累计下载量为 625.9 万次，较 2018 年增长近 1 倍。2019 年，下载量在百万级以上的报纸客户端占比超过 25%。[①]

2014 年起，一批体量较大、上升速度很快的报业客户端进入人们视线。以 iOS 系统为例，这年的 6 月 12 日，人民日报客户端上线；同日，上海报业集团的界面客户端上线；6 月 20 日，大众日报报业集团旗下的山东 24 小时上线；7 月 22 日，澎湃新闻客户端上线。2015 年，南方报业传媒集团的并读新闻、成都商报客户端、湖北日报传媒集团的看楚天、新华报业传媒集团的交汇点新闻等客户端先后上线。上述客户端多数也同时登陆安卓系统客户端。其中，澎湃上线第一天，就升至当日新闻客户端下载量第二名。人民日报客户端也随后获得大幅增长，2015 年底的累计下载量就突破 1 亿次，达 10 073 万。[②]

但就单种报纸或报业集团拥有的 App 数量，平均不到 2 个，明显少于美国同行。据人民网研究院上述数据，2019 年在统计的 295 种报纸中，有 212 种报纸建有安卓端 275 个 App 和苹果端 151 个 App。两者相加除以 212，平均为 2 个 App；若除以被统计总数的 295，则为 1.4 个。

① 《人民网总编辑罗华发布〈2019 中国媒体融合传播指数报告〉》，人民网，2020 年 4 月 30 日。

② 《人民日报客户端下载量超一亿　“有新闻的地方就有人民日报”》，人民网，2015 年 12 月 8 日。

表 5.1　报业新闻客户端 Apple Store 综合排名（前 10 名，截至 2015.12.16.）

报业新闻客户端在Apple Store综合排名（前10名）			
排名	名称	Apple Store免费新闻类纸媒排名	上线日期
1	澎湃新闻	5	2014.7.22
2	人民日报	25	2014.6.12
3	界面新闻	32	2014.6.12
4	浙江新闻	33	2015.7.20
5	China Daily	47	2009.9.6
6	并读新闻	48	2015.4.15
7	看楚天	57	2015.11.26
8	山东24小时	60	2014.06.20
9	交汇点新闻	62	2015.11.17
10	成都商报	63	2015.5.25

来源：李婷菊制作

二、中国报业 App 的异名化

与美国报业 App 紧扣母体品牌的做法不同，中国报业 App 在最初几年与母报同名后不久，就走上了异名化的道路。所谓“异名化”，即指 App 的名称与创办该 App 的报纸完全不同名，甚至无一字相关联，表现为一种去纸媒倾向。而笔者在美国调研期间，尚未发现有任何报纸的主客户端是与母报名称毫无关联的。

起初，是一些省市党报创办的以门户客户端为目标的 App，其多用省市名 + “掌上”等描绘语。如陕西日报报业集团的“掌中陕西”、黑龙江日报报业集团的“掌上龙江”、青岛报业传媒集团的“掌上青岛”、大同日报传媒集团的“掌中大同”、沈阳日报报业集团的“掌中沈阳”、长沙晚报报业集团的“掌上长沙”、昆明日报报业集团的“掌上春城”，以及大众日报报业集团的“山东 24 小时”、浙江日报报业集团的“浙江新闻”、四川日报报业集团的“四川新闻”、吉林日报报业集团的“吉林在线”、广州日报报业集团的“广州参考”等。这些 App 虽与母报名称没关系，但地方属性很强，人们通过联想就会猜测出这些 App 是谁在办（通常由当地地位最高的新闻媒体主办，而这类媒体多为当地党报）。这些由地方党报或党报集团创办且具有明显区域特征的客户端，显然意在办成门户型客户端。

但大约从 2014 年起，以上海日报报业集团旗下的《东方日报》创办“澎湃”为代表，国内报业 App 掀起一股异名化、别名化的浪潮。各地报人纷纷追求别致、新颖甚至古灵精怪的名称，为此绞尽脑汁。有的不惜将已有的名称也改过来，以顺应这一潮流。

其实，“澎湃”与报纸还有一点关系，其名称毕竟取自英文 paper（纸）。而早澎湃一个月面世的“界面”就和上报集团或报纸毫无联系了。再早一年的“楚天神码”也与主办方湖北日报报业集团所处的地域有关。此后，哈尔滨出现“劲彪”（黑龙江日报报业集团）、武汉出现“动向”（湖北日报传媒集团）、郑州出现“猛犸”（东方今报）、广州出现“并读”（南方报业传媒集团）、南京出现“交汇点”（新华报业传媒集团）、重庆出现“上游”（重庆日报报业集团）、成都出现“封面”（四川日报报业集团）、兰州出现“神舟”（甘肃日报报业集团）、合肥出现“中安”（安徽日报报业集团）、苏州出现“引力播”（苏州日报报业集团）、深圳出现“读特”（深圳特区报，用了其中一个“特”字，谐音“独特”）和“读创”（深圳商报）等。“面对如此鲜活而便于流传的符号，已有报业集团不满原来的名字，不惜再动干戈予以修改。”（辜晓进等，2016）[①] 例如，长江日报报业集团将原来的“长江新闻”改为“九派新闻”，陕西日报报业集团也于2020年6月将“掌中陕西”更名为“群众”。如此别出心裁和张扬个性，反倒令人民日报客户端、北京日报客户端、山西日报客户端、辽宁日报客户端、厦门日报客户端等与母报同名的客户端成为少数派。

中国这一现象，在美国等西方报人眼中是不可思议的。对他们而言，报纸作为运营长达数十年，更多的是上百年的主流媒体，其具有在当地家喻户晓的知名度、广泛的品牌影响力和巨大的无形资产。与报纸名称彻底脱钩，在转型的主要端口移动客户端上放弃其品牌优势而另起炉灶启用新名，然后再在重新营销推广这新名称上投入资金和人力，今后是好是坏皆与原报纸无关，实在是一件得不偿失的事情。

但中国报人则有不同的思维。经与多个报业从业人员交谈，这种异名化大致出于以下三种考虑：一是迎合。作为一种新媒体，其名称是否别致和吸引眼球，往往决定了给网民们的最初印象。而在网络媒体，“虎嗅”“36氪”“钛媒体”等怪异名称比比皆是，且很快成为知名品牌。中国的网民们似乎好这一口，如果用某某日报客户端，反倒显得了无新意。二是去纸媒。这包括品牌上的去纸媒，中国报纸的历史大都没有美国报纸那样悠久，如今在新媒体盛行的环境下，报纸的权威江河日下，已经失去品牌价值，对某些报纸而言甚至成了负资产，所以要与其脱钩；还包括内容的去纸媒，虽然

---

① 辜晓进、李婷菊、叶愉：《集团App的兴起与报业转型自救》，《新闻战线》，2016年第1期，第28页。

实际上难以做到，但给读者以新媒体、新内容的期待。三是创立新品牌。即重新创立新媒体品牌，为全面转型做准备。如《东方早报》休刊了，但“澎湃”生机勃勃。

除以上三点考虑，跟风也是原因之一。特别是“澎湃”的成功，令很多人对创立别致的新品牌有了信心，产生期待。但时间久了，报人们也发现，名称不是决定性因素，关键还看内容。试想，如果人民日报客户端放弃其母报的品牌优势而另起新名，能有如此快速的增长吗？于是，近年异名化开始退烧，有些报纸甚至改回报纸名称，呈现回归报纸品牌的趋势。如光明日报报业集团的“光明云媒”于 2016 年 12 月 16 日更名为光明日报客户端，广州日报报业集团的“广州参考”于 2018 年 12 月 1 日改为广州日报客户端，深圳《晶报》的“全橙”于 2019 年 5 月 28 日更名为晶报客户端等。而 2018 年 10 月 31 日上线的新京报新闻客户端就直接沿用了报纸名称。

图 5.13 人民日报、读特、澎湃客户端（从左至右）

来源：辜晓进 2021 年 2 月 22 日手机截图

三、中国报业 App 的聚合化

聚合化伴随着中国报业 App 的整个发展过程，这也是中国报业在客户端建设方面区别于美国同行的一大特色。聚合化分为两种类型：一种是借助第三方平台，即在门户网站等平台化新媒体上的聚合，另一种是调动集团内所有报业资源在自有 App 上实现的集团化聚合。

第一种聚合主要为早期报纸 App 所采用，原因是能借助平台现成优势快速抵达广大受众，维护简单、节省投资，因而很多报纸倾向于这种方式。人民网研究院发布的 2015 年“报纸移动传播百强榜”中，有 92% 的报纸采用聚合方式，分别入驻腾讯新闻、今日头条、网易新闻、搜狐新闻等平台，上榜媒体的入驻开通率达 96.5%。这些报纸“借助平台巨大的用户基础进行快速有效的传播”。据不完全统计，2015 年平均每家报纸在今日头条和搜狐等两家聚合类新闻客户端上的文章总阅读量都超过 2 亿。以《华西都市报》为例，其自有客户端在安卓市场的下载量仅有几万，但它 2015 年在今日头条客户端所发文章的总阅读量超过了 30 亿次。[①] 而在此前相同机构发布的关于 2013 年度的《中国媒体移动传播指数报告》，也提到“432 家入驻聚合类新闻客户端的报刊的数据”，仅以搜狐新闻客户端为例，其用户量在 2013 年 4 月就已经突破 1 亿，同期合作媒体达 550 余家，总订阅量突破 4.5 亿，其中《参考消息》总订阅量已过千万，百万以上报刊超过 33 家。[②] 个案方面，一些报纸也和 ZAKER 等聚

---

① 《2015 中国媒体移动传播指数报告》，人民网，2016 年 3 月 24 日。

② 《中国媒体移动传播指数报告》，人民网，2014 年 6 月 12 日。

合平台合作，实现在地性聚合，如《南昌日报》的“南昌 ZAKER”、《深圳晚报》的“深圳 ZAKER”、《南宁日报》的“南宁 ZAKER”。

这种在第三方平台上扎堆聚合传播的 App，大大丰富了平台的内容生产，却对自身品牌的直接营销帮助不大（受众查阅到相关内容时，常常只记得搜狐或今日头条），更无助于将流量吸引到本报平台，实现在线受益（广告或内容付费）。因此，2013 年之后，第二种聚合渐渐成为主流。

这种聚合且称之为“集团 App”，即不限于某单一报纸，而是举报业集团之力，将集团内部分或所有媒体资源（包括报刊及新媒体）在 App 上实现整合传播。这既在一定程度上解决了单一报纸客户端内容生产乏力、供应量不够的问题，也强化了报业集团的集体品牌。同时，由于中国的报业集团都以行政区划为界，具有信息的地方割据色彩，集团化的 App 有助于“提升移动端的区域信息话语权、覆盖远比单份报纸领地广阔得多的区域受众、抵抗门户网站和头部新自媒体在区域信息生产与流动上的渗透，增强报业集团与区域客户的黏性等”（辜晓进等，2016）[①]。

据笔者的研究生李婷菊摸底统计，截至 2016 年 10 月，在我国内地 31 个省、市、自治区中，报业集团打造的新闻客户端已达 71 个，其中省级报业集团新闻客户端 40 个，副省级城市报业集团新闻客户端 15 个，省会城市报业集团新闻客户端 8 个，较大城市报业集团新闻客户端 8 个。除了青海、西藏、宁夏、内蒙古、新疆 5 个自

① 辜晓进、李婷菊、叶愉：《集团 App 的兴起与报业转型自救》，《新闻战线》，2016 年第 1 期，第 28–29 页。

治区尚未创办报业集团 App 外，全国拥有集团化报业 App 的省份占比达 83.9%。

第四节　中国报业 App 面临的挑战

中国的报业客户端，在促进报纸融合转型、提升报纸品牌在数字端的影响力等方面发挥了重要作用。少数报纸的 App（如人民日报客户端、澎湃客户端）已成为报业转型的利器，其中澎湃已成功帮助《东方早报》实现整体转型。但与此同时，中国多数报业客户端也面临一些挑战和困境（这里主要指报纸自有客户端，下同）。

一、受众两极分化，多数 App 门庭冷落

下载量是衡量 App 传播力的重要指标。以此指标看，中国报业 App 呈现较快的发展态势。但联系到具体报纸，则又表现出发展不均、两极分化的景象。对 2015 年报业 App 的统计表明，突破百万下载量的 App 只有 8 个，七成报纸 App 的下载量不足 10 万，近四成下载量不足 1 万。[①] 到了 2018 年，报业 App 的下载量较 2017 年增长了 50%，安卓客户端平均累计下载量升至 313.6 万次。2019 年的总数进一步增长：根据对 275 个安卓客户端统计，平均累计下载量

① 《2015 中国媒体移动传播指数报告》，人民网，2016 年 3 月 24 日。

增长一倍，达 625.9 万次。[①] 但发展差距的问题仍然没有解决。

以 2018、2019 年为例，虽然平均下载量显著增长，分别达到 300 万级和 600 万级，但中间的大多数（中位数）分别只有 6 万和 12.4 万。其中 2018 年的最高值为 26 534.5 万次，而这一年突破 2 亿下载量的报纸 App 只有《人民日报》一家。2019 年，在 275 个报纸安卓客户端中，达到亿级的只有 1%，具体对应的是《人民日报》和新晋级 1 亿大家庭的澎湃。75% 的 App 在 10 万级以下（其中 10 万级 28%，万级 40%，不足 1 万 7%）。[②] 对于 47% 下载量只有万级及万级以下的报纸 App 来说，其受众抵达能力显得非常薄弱，客户端的种种优势难以彰显。

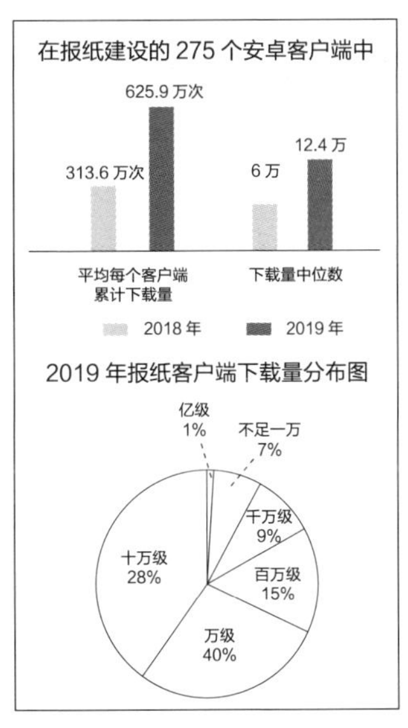

图 5.14　中国报业 App（安卓版）平均下载量及分布图[③]

来源：《2019 报纸融合传播指数报告》

---

① 综合自 2018、2019 年《报纸融合传播指数报告》。

② 同上。

③《2019 报纸融合传播指数报告》，人民网，2020 年 4 月 30 日。

二、低活跃度和单一形态影响了 App 的传播

衡量 App 传播力的另一个重要指标是用户活跃度，即下载客户端之后的打开频率。但各种数据都表明，国内报业 App 的总体活跃度处于较低水平。即便以下载量和活跃度均居报业第一名的人民日报 App 为例，在 2016 年该 App 下载量已突破 1 亿次的情况下，其也未能进入国内新闻类 App 活跃度的前 200 名（居第 249 名）。而进入前 500 名的报业 App 也只有《人民日报》一家。

表 5.2 中国综合类新闻 App 活跃度 Top 500 部分排名（2016 年 5 月）①

名称	活跃用户数排名
腾讯新闻	17
今日头条	25
搜狐新闻	26
网易新闻	32
凤凰新闻	41
新浪新闻	72
一点资讯	131
人民日报	249
百度新闻	341
央视新闻	422
ZAKER	431

来源：《人民日报客户端观察报告》

① 朱燕、潘宇峰：《人民网舆情监测室发布〈人民日报客户端观察报告〉》，人民网，2016 年 6 月 20 日。

笔者和李婷菊于 2017 年 2 月就新闻类客户端使用情况进行了在线问卷调查，共收回 310 份问卷，其中有效问卷 276 份，有效问卷中广东占比 55.99%。问及最常使用哪种新闻客户端时，在排除了不使用新闻客户端的人之后，在手机上至少都安装了 1 个新闻客户端的受访者中，六成以上（62.66%，151）选择了门户网站客户端（如网易、腾讯、搜狐、新浪、凤凰）；其次是科技公司聚合类客户端（如今日头条、一点资讯），占比 21.16%（51）；再次才是传统媒体客户端，占比 14.52%（35）。可见在用户选择客户端的优先排序中，传统媒体的客户端处于弱势。

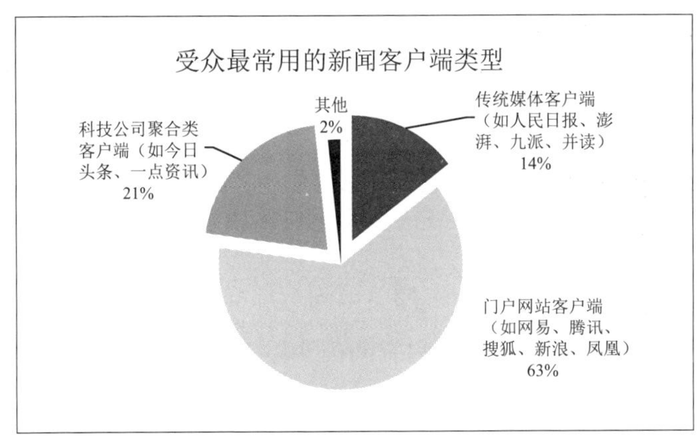

图 5.15　受众常用新闻客户端类型

来源：李婷菊制作

客户端与微信公众号相比的一个重要优势，是内容发布频率不受限制，一天内几乎可以无限次更新。但笔者在对一些地方报业 App 的持续观察中发现，内容同质化、更新不经常以及内容生产力不强，压制了受众对此类 App 的打开欲望。例如一些 App 到了周末几乎不再更新，哪怕发生了值得报道的重要事件或活动。记者们更倾向于使用短、平、快的微博或微信发布一蹴而就的简单新闻。在这种情况下，要追求较高的活跃度是不可能的。

在呈现形态方面，中国的报业 App 近年进步较快，呈现形态多样化的意识逐渐增强，如《深圳特区报》的“读特”App 已经实现了几乎所有内容的语音获取。但与门户网站的 App 及美国同行相比，国内报业 App 的呈现形态仍较为单一，“文 + 图”仍是最主要的模式。即便现在视频多了，但也多为独立呈现，而很少嵌入文本而与主流新闻共同传播。

转型带来的这种真正意义上的超文本呈现，正在给人以前所未有的阅读视听体验。国内报业 App 在这方面尚有较大的改进空间。

三、报业 App 盈利模式的探索

国内报业 App 的盈利不像美国同行那样多样化，主要以广告和合作为主，但也有美国人没想到的创新探索。

首先是广告。国内报业 App 的广告形式有多种，较为普遍的有三种：第一种是在主页或各专栏页面插入广告，而较少像美国同行那样在文章中间插入广告。这种广告多以图片面目出现，点击开来会发现是广告。第二种是软广告，是报纸上的政府及国有企事业单位的软广告的延伸，近年有增多趋势。例如广东某省级报纸客户端的“区街”频道，就大量刊载《新湖街道召开纪工委工作会议暨社区纪委工作推进会》《马田街道集中力量全面动员冲刺创文“大考”》这类主要依靠通讯员供稿的没有什么新闻价值的基层工作“新闻”，均属软广告。但总体来说，国内报业 App 的广告规模处于较低水平（详见第六章），真正上规模的是澎湃这类拥有大级别受众群体的 App。第三种是合作广告，即与商家合作推广某些项目或产品，也多以新闻面目出现。

在盈利模式创新方面，南方报业传媒集团于 2015 年 4 月 15 日上线的并读新闻较为典型。据李婷菊对该客户端编务总监汪飞的访谈，该客户端从诞生之日起，就试图探索一种不同于传统媒体“二次售卖”的盈利模式，即“新闻 + 社交 + 分成”的盈利模式，用户的阅读和社交行为可以转化为积分。例如阅读文章 0.25 分，评论点赞 0.5 分，评论被点赞 1 分；分享文章 2 分，分享被阅读 1.5 分，分享提现记录 10 分，分享兑换记录 10 分，绑定快捷登陆账号 20 分，推荐好友安装注册 100 分；直接浏览广告 5 分。而这些积分都可以在线兑现。对现方式可以是直接换钱，也可以兑换电影票、电话费、上网流量以及参加抽奖等。

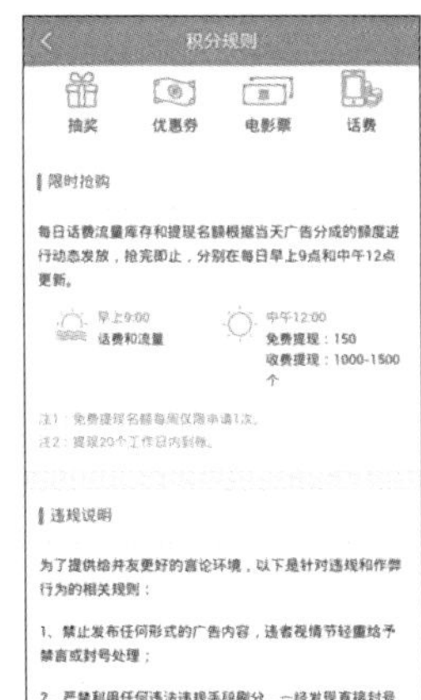

图 5.16　并读新闻积分获得及提现规则页面

来源：并读新闻网页截图

这其实是一种通过鼓励阅读提升广告注意力的方式，使得广告可以在读者的积极转发中获得病毒式的传播，因此仍应归入广告类型。据汪飞介绍，这种“读赚”模式得到了受众的认可，上线不到两个月时间就获得近 500 万的下载量，日活率近 40%。到 2015 年 11 月底，下载量已超过 4 200 万，活跃用户达 1 680 万。2016 年 5 月该客户端的统计数据显示，其广告启动页面的日均展示量达 427 万，阅读量为 46 万。这个效果，广告商是满意的。但据李婷菊当时连续数月的观察体验，发现这一模式存在兑现困难、受众热度减退等问题。这一模式是否可持续，尚待继续观察。而目前看，并读这种尝试并未成功。

第五节　本章小结：客户端的价值有待重新认识

关于报业 App，中美之间从理念到实践都存在较大差异。

就理念而言，美国更重视客户端在转型中的作用，因为它是报纸原创内容和品牌价值在移动端的完整体现，并且将其与报纸名称和官网名称一体化，形成统一的品牌传播。这与中国很多报纸 App 去母报品牌化、异名化的做法大相径庭。而且直到今天，国内关于客户端与微信公众号谁更重要的讨论仍在进行。《2016 上半年中国手机新闻客户端市场研究报告》显示，62.4% 的受访用户常用的新闻客户端数量为 2–3 个，25.1% 的用户只使用 1 个新闻客户端。[①] 这

① 《艾媒报告：2016 上半年中国手机新闻客户端市场研究报告》，2016 年 8 月 8 日，https://www.iime dia.cn/c400/44054.html。

个数据打击了部分媒体人和学者对客户端的信心。他们认为，既然很多报纸客户端的下载量那么低，而人们在手机上每天打开的客户端数量又十分有限，客户端对多数报纸来说缺乏实际价值，因此主张用微信公众号取而代之。这种将客户端与社交媒体的功能相对立或非此即彼的观点，在美国报界并未听说。在中国，客户端的优越性仍有待进一步认识。其实，下载的客户端未必都要经常打开。美国报纸的几乎所有主 App 都提供了突发或重要新闻的即时推送服务，当你在手机上下载了一批本地、区域、全国、国际优质媒体的客户端，基本上不用发愁会遗漏重大信息，你只需要根据感兴趣的推送信息去打开相关客户端即可。国内报纸客户端也有推送，但由于信息质量不高或推送不及时，未能引起足够的关注。

就实践而言，美国报业大量开发服务于各种应用场景的垂直客户端，而中国却很少见到。对大多数报纸而言，是永远不可能达到千万乃至上亿的下载量的，因而在自有客户端上一味追求大规模，对多数报纸并不现实，这在美国也一样。但民众的兴趣和需求既是多种多样的，也是“人以群分”的，报业客户端，特别是地方报业的客户端，完全可以针对特定受众群，开发设计出各种各样的垂直客户端。这类客户端的受众人数不求多（当然也多多益善），但求忠。客户端通过强大而专业化的内容生产，强化对特定人群的持久吸引力，形成黏性，提高忠诚度。即便像《纽约时报》那样已经有主客户端抵达广大受众，仍不遗余力地开发各种垂直客户端，如“美食”“字谜游戏”“住房”“更智慧生活”，以及 2017 年上线、2019 年已达 10 亿下载量的音频客户端 The Daily。像国内目前以“报纸标配”形成的千篇一律的客户端，很多报纸是无法满足受众需求的，门可罗雀也就不足为怪了。即便有些客户端设置了一些垂直化的专栏或频道，但就笔者观察，大多数也是挖得不深或做得不专，难以形成专业忠诚度。例如一些客户端设有“摄影”专栏，可以UGC生产，但仅仅发一些漂亮照片是达不到专业化的。现在中国摄影发烧友群体数量非常庞大，他们对器材、技术、经验、气候、景物、地理等有永无止境的追求，不能深度满足这些用户的专栏或频道都算不上合格的“垂直”。

就技术而言，客户端本来就是技术赋权的结果。中美相比，国内报业App在页面设置、框架设计、融合呈现、便捷导航、快速分享、原生广告等方面，都有较大的改进空间。

第六章

做大规模、广告转型与多种经营

全球报业从19世纪下半叶开始，逐渐形成了收入上主要依赖广告而非发行的商业模式（或曰盈利模式），即通过不计工本的扩大发行而换来丰盛的广告。这一趋势自20世纪下半叶起更加明显，无论中国还是美国，广告占据报业总收入的比例都高达七成以上，美国甚至高达八成以上。据由36个发达国家组成的“经济合作与发展组织”（OECD）数据，2008年美国报业总收入中对广告的依赖占比87%，远高于英、德、日等国家。[①]进入数字时代后，媒介的多元化、去中心化和报业信息垄断地位的丧失，致使报纸的广告大量流失且难以逆转，从根基上动摇了长期以来形成的报业盈利模式。

因此，探索、建构新的商业模式便成为报业在数字时代自我拯救的关键要素。目前包括中美两国在内的全球报业无非在三个方面下工夫：一是扩大数字平台的受众规模，集聚数字注意力，其中包括回归内容收费，通过建立付费墙实现数字端的内容变现；二是开发和拓展数字端广告；三是多种经营，在发行和广告之外，开辟第三种收入来源。中美相比，第一点在扩大受众规模上是完全一致的，但在内容收费方面中美差异巨大（另章阐述）；第二点是美强中弱，第三点是各有千秋。

---

① Bulletings from the future, *The Economis*, July 9th 2011, p. 3.

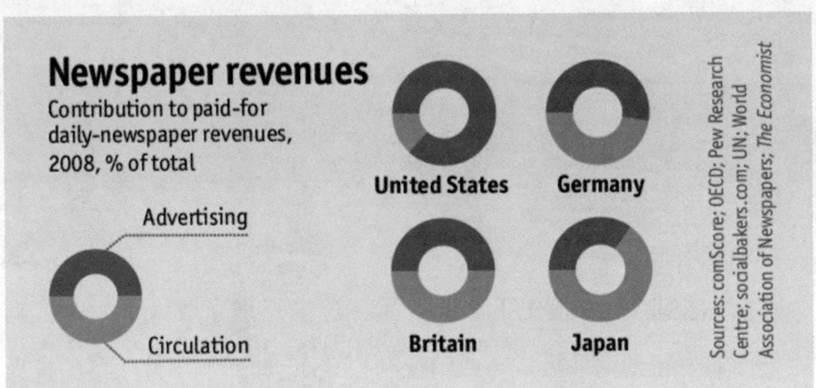

图 6.1 美英德日四国 2008 年报业广告占比（黑为广告，灰为发行）

来源：The Economist, July 9th 2011.

第一节 数字受众的规模化发展

詹姆斯·韦伯斯特在《注意力市场》一书中感叹："数字媒体最令人吃惊的地方就是它的数量十分巨大。"①他的所谓"巨大"，显然主要不是指数字媒体数量之多，二是指数字平台上传播的内容数量之大。因为他接着就举例说，每天发布的推特有 5 亿条、每分钟在 YouTube 上传的新视频有 1 亿小时。这些主要由 UGC 生产构成的数据，实际指向的是用户规模。

可以说，较大的用户规模，是报业在数字平台上建立新商业模式的先决条件。在互联网被广泛应用之前，报纸的存在和发展被局

① ［美］詹姆斯·韦伯斯特：《注意力市场：如何吸引数字时代的受众》，郭石磊译，中国人民大学出版社，2017 年，第 5 页。

限在一个物理空间。这时，纸质媒体的发行量不仅决定了报纸的社会影响力，也决定着报纸的经济价值和盈利潜力。但到了数字端，物理区隔不复存在，报纸面对的是互联网上更加广大的受众，竞争对手也在这样的广阔平台上互相较量，因而必须收割更多的注意力，才可能建构新的商业模式。海量受众也是所有互联网巨头得以成功的最重要前提。

一、美国报业不遗余力拓展数字用户

目前美国被认为转型较为成功的报纸，都在一定程度上是数字平台努力做大的结果，特别是几家全国性报纸，以下仅以笔者访问过的几家报纸为例。

1.《华盛顿邮报》变身全国报纸力求做大

该报长期坚守本地策略，作为家族遗训逐代相传。但到了数字时代，这一策略遭遇强大挑战。其名气与《纽约时报》相差无几，却在数字平台远远落后于该报，甚至也落后于其他一些大城市报纸。到杰夫·贝佐斯（Jeff Bezos）2013 年 8 月收购该报之前，该报不仅纸质版发行量跌至仅有 47.35 万份，其数字端的发行量也仅为 42 313 份，不到《纽约时报》数字订户 110 万的零头。这个数字也明显少于《华尔街日报》和《今日美国》，甚至比不过《洛杉矶时报》《纽约每日新闻》《芝加哥论坛报》《丹佛邮报》和《新闻日报》等地方主流日报。详见下表：

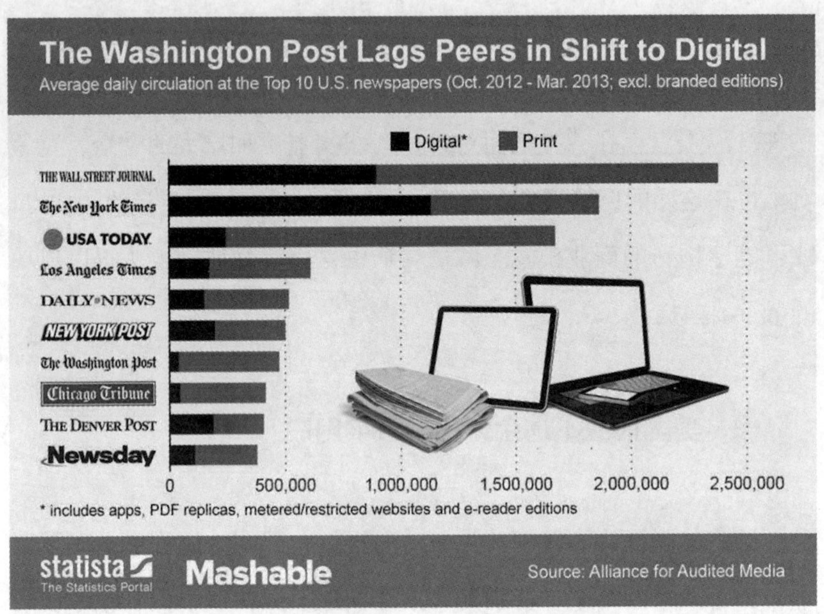

图 6.2 《华盛顿邮报》数字端落后于其他报纸（2012.10—2013.3）

来源：Statista, August 6, 2013

这一状态也导致该报被以 2.5 亿美元贱卖。贝佐斯入主该报后做出的最大决定，就是立即放弃该报的本土策略，将该报办成全国乃至国际化的报纸，提出“大受众量优先，赚钱其次”（Bigger audience first，monetization following as a second priority）[①]。变化是迅速的，至 2015 年 10 月，该报数字受众已全面接近甚至一度超越美国排名第一的《纽约时报》：月独立访客数较 2013 年增长 2 倍，达 6 690 万，首次超纽时；移动独立访客数量同比翻番，达 5 100 万，

① Ken Doctor, “Is the Washington Post Really the Newspaper of Record?”, www. newson omics.com, December 6, 2015.

《纽约时报》虽仍领先，却只增长 25%；平均每月每个访客的网页阅读时间为 14.1 分钟，直逼《纽约时报》的 14.8 分钟。[①] 该报 2016 年 7 月数字订户数量较上年增长 145%，其中绝大多数来自首都华盛顿以外的读者，且相当一部分来自海外。这一成果显然得益于其放弃本土策略、努力在数字平台做大的战略选择。[②] 2020 年 11 月，该报的独立访客量已接近 1.14 亿，同比增长 43%。[③] 该报的纯数字端付费订户也于 2020 年 7 月达到近 300 万人，较 2016 年增长 3 倍多，是 2013 年 4.23 万人的 70 多倍。[④]

2.《纽约时报》设立千万目标全球做大

《纽约时报》在数字规模不断做大的利益驱动下，把国际市场视为真正的受众蓝海。2016 年 5 月，该报 CEO 马克·汤普森（Mark Thompson）在接受采访时突然宣布其国际化战略，表示要扩大国际受众份额，全面进军海外市场，包括以其他文字的版本攻占多国疆域。其理由是，在当时 100 多万数字订户中，海外订户仅占 13%，而以该报的品牌号召力，应当有大幅增长的空间。就在其发表此番谈话前的 2 月，该报的西班牙语版已经上线，目标直指拉美受众。

---

① Ken Doctor. *Is the Washington Post Really the Newspaper of Record?* www.newsonomics.com December 6, 2015.

② 辜晓进：《规模优势：报业融合转型的丛林法则》，《新闻记者》，2017 年第 8 期，第 7 页。

③ WashPostPR, “Nearly 114 milion people visited The Washington Post in November 2020”, www.Washingtonpost.com, December 23, 2020.

④ Sara Fischer, “Trump bump: NYT and WaPo digital subscriptions tripled since 2016”, www.axios.com, November 24, 2020.

汤普森表示，除了拉美国家，该报还看准了另外十大市场，包括澳大利亚、加拿大、德国、北欧、日本、印度等。2016 年 12 月 5 日，汤普森在一个年会上更是信心满满："我认为我们的数字读者达到 1 000 万是完全有可能的。"① 到 2020 年 7 月，该报的纯数字付费订户已达 610 万，是 2016 年的约 3 倍。②

3. 甘尼特逆势收购只为做大

甘尼特公司作为美国最大的报业集团，近年的举动颇出人意料——不断收购纸质媒体资产。根据该公司 2017 年 5 月公布的年度报告，2015 年至 2016 年的近两年时间里，该公司已连续完成了对 4 个报业集团的收购。目前该公司旗下已有 100 多种日报和近千种周报。在纸质媒体价值不断下跌如烫手山芋的今天，甘尼特此举的目的正是希望以更大的规模在数字平台获胜。

2016 年 3 月笔者对该公司高管的访谈证实了这一判断：甘尼特近年正以旗舰报纸《今日美国》为龙头，组建覆盖全国的"今日美国报业网"（USA TODAY NETWORK，简称 UTN），由《今日美国》和位于 34 个州的 109 家报社凝结成资源共享、聚合分享、多点发布的数字平台。该平台的平均月独立访客量于 2016 年 1 月达到 1.12 亿。受益于这一平台，《今日美国》本身的发行量（含数字版）这两年也

---

① 转引自辜晓进：《规模优势：报业融合转型的丛林法则》，《新闻记者》，2017 年第 8 期，第 8 页。

② Sara Fischer, "Trump bump: NYT and WaPo digital subscriptions tripled since 2016", www.axios.com, November 24, 2020.

显著上升，2016 年达到 360 多万份，展现强者恒强态势。[①]

2019 年 11 月 19 日，甘尼特公司在与盖特豪斯媒体集团（Gate House Media）的母公司新媒体投资集团（New Media Investment Group）磋商数月并获得美国司法部和欧盟的最终审批后，合并组建成规模更大的报业集团（名称不变，人称“新甘尼特公司”），旗下拥有 250 多家日报，占美国日报总数的 1/5。[②]

4. 多家地方报纸也积极做大

《皮卡尤恩时报》：即第二章提到的那份报纸，是地方媒体通过激进的转型改革做大数字规模的典型之一。该报通过组织重建成立诺拉媒体集团并实施数字优先后，在数字平台吸纳受众就成为该媒体的首要任务，其官方网站的数字用户也因此不断大幅攀升。在改革进入第三年的 2014 年，网站来自搜索和社交媒体的流量分别增长了 45% 和 18%，月流量达 5 400 万，比卡特里娜飓风期间（2005 年，该网站在飓风灾难期间流量大增）增长了 50%。其每月的独立访客量于 2015 年 1 月达到 600 万，笔者访问时的 2016 年 4 月则增至 800 万。[③]

《达拉斯晨报》：该报作为比罗集团的旗舰报纸，在笔者到访的 2016 年 4 月，纸质版的发行量较上年又跌了 7–8%，平日刊只有 14

① 辜晓进：《重走美国大报 / 美国报业转型：颠覆与重生》，南方日报出版社，2018 年，第 62–64 页。

② Marc Tracy. *Gannett*, “Now Largest U. S. Newspaper Chain, Targets ‘Inefficiencies’”, www.nytimes.com, November 19, 2019.

③ 辜晓进：《重走美国大报 / 美国报业转型：颠覆与重生》，南方日报出版社，2018 年，第 299 页。

万多份，星期天刊为 22 万多份。虽然该报认为这个跌幅与全国纸质报纸的发行量比，“还算是稳定的”，但这显然不能满足可持续发展的要求。所以他们也大力度拓展数字受众。彼时其官方网站的每月独立访客量已达 1 200 万，页面浏览量为 6 000 万。正是在这个注意力基础上，他们实现了数字广告的较快发展，2015 年增长 23%。[①]

《丹佛邮报》：该报是科罗拉多州发行量最大的报纸，同样面临纸媒衰退的严重挑战。他们通过 200 多个官方社交媒体账户带来大量来自移动端的数字受众，又通过在美国五大视频平台生产的视频产品带来每年 1 025 万的视频受众流量，2016 年 4 月 22 日笔者访问时，当月的独立访客量已达 640 万。[②]

二、中国报纸的转型典型也胜在规模

在融合转型过程中，纸媒发行量的颓势已难逆转，因而中国的报纸也在竭力拓展数字平台的受众规模。这方面最为突出的是几家主打全国市场的报纸，既包括《人民日报》这样的中央级报纸，也包括上海报业集团旗下《东方早报》这类积极介入全国市场的区域报纸。

1.《人民日报》的滚动做大

《人民日报》作为中共中央机关报，无论发行量和影响力，都在全国性日报中首屈一指（《参考消息》作为非原创内容报纸除外）。

---

① 辜晓进：《重走美国大报 / 美国报业转型：颠覆与重生》，南方日报出版社，2018 年，第 228–236 页。

② 同上书，第 434–436 页。

但在数字时代，其纸质版也面临发行量明显减少、广告收入不断下滑等严峻挑战。其中纸媒的发行量较高峰期跌去了 2/3。于是，该报将受众做大的方向锁定在数字平台。

该报的融合发展起步于 1997 年 1 月 1 日人民网的开通，如今该网站已发展成有着大量受众的庞大的独立运作平台和上市公司。截至 2020 年 4 月 16 日的数据表明，人民网各类新媒体账号的总粉丝数已达 1.5 亿。[①] 移动传播和社交媒体兴起后，《人民日报》又先后于 2012 年 7 月 22 日和 2013 年 1 月 1 日以及 2014 年 6 月 12 日上线了新浪微博、微信公众号和移动客户端。应该说，《人民日报》在移动平台的起步并不算早，甚至迟于很多地方媒体；但其利用其强大的品牌影响力和庞大的资金支持，取得了超越国内所有报纸的融合成果。截至 2020 年 4 月 27 日，该报新浪微博的粉丝为 11 615 万[②]。

《人民日报》客户端上线一年后的 2015 年，下载量就超过了 4 500 万；又于三年后的 2017 年 10 月，突破 2 亿次，实现了“有新闻的地方就有人民日报”的发展目标。[③] 该报还对抖音等新型视频社交媒体保持较高的敏感度。如该报 2018 年 9 月入驻抖音，至 2020 年 7 月 9 日共发送 2 098 个视频作品，获得 9 579.1 万粉丝、2.9 亿次点赞（抖查查最新数据），这还不含该报的“国际”“数字传播”等多个垂直抖音账号。

---

① 新浪财经：《一图看懂人民网 2019 年报》，finance.sina.com，2020 年 4 月 17 日。

② 据《人民日报》2020 年 4 月 27 日微博账号。

③ 崔保国：《2017 年新型主流媒体发展概况及展望》，《新闻战线》，2018 年第 1 期。

2.《东方早报》借“澎湃新闻”转型做大

《东方早报》是上海报业集团旗下的跨区域都市类报纸，由原文汇新民联合报业集团于2003年创办。在上海本地早报市场上，该报发行量一度仅次于《新闻晨报》，但2010年后明显衰落，至其2017年1月1日休刊前，发行量大约为12万份。[①] 但该报在2014年创办了澎湃新闻网，进而上线澎湃客户端，在上海报业集团雄厚的资源支持下发力新媒体。特别是澎湃新闻客户端于2014年7月22日在Apple Store上线后，1天之内的下载量就登上Apple Store新闻类应用的第二名。到2016年底，其下载量已突破6 000万。[②]

在如此大的受众量面前，原来纸媒的发行量显得微不足道，这促使《东方早报》实现整体转型：于2017年1月1日纸媒休刊，放手发展数字传媒，扩大纯数字受众。在澎湃新闻客户端上线5周年的2019年7月22日，其总裁兼总编辑宣布该客户端下载量已超过1.5亿。[③]

3. 浙报集团的跨平台做大

浙江日报报业集团是国内报业数字化发展的先行者之一，其最重要的转型标志就是2006年2月与北大方正等合作推出国内第一份

---

① 转引自辜晓进：《规模优势：报业融合转型的丛林法则》，《新闻记者》，2017年第8期，第5页。

② 宋昕月：《困境与出路：突破式创新视角下的媒介融合——以澎湃新闻客户端为例》，《新闻研究导刊》，2017年第2期第251页。

③ 陈实：《澎湃新闻5周年成绩单：下载量超过150000000》，www.sohu.com. 2019年7月22日。

数字报纸，引领了中国数字报的普及风潮。此后，该集团又致力于跨平台发展，力争在较短时期内将受众和客户的规模做大。

2009 年 9 月，该集团与阿里巴巴集团合作出版线下线上互动的杂志《淘宝天下》，旨在通过与新型电商品牌的捆绑，紧盯阿里 3 亿用户，向消费领域扩大受众。接着，更以“互联网化”的融合思路，先后于 2012 年 11 月 29 日与腾讯合办“浙江城市门户”大浙网；2013 年 2 月借壳上市获得庞大资本，以 35 亿元完成了对边锋网络和上海浩方两家游戏平台的收购；于 2014 年 6 月 16 日上线“浙江新闻”客户端。

这几个重要步骤无一不以扩大受众为主要目标，而且在意识到报纸自身受众潜力增长有限后，将重点放在跨平台扩大受众。以兼并两大游戏平台为例，浙报集团看中的是两公司 2 亿注册用户和 2 000 万活跃用户及其产生盈利的用户价值。如此大的用户群，靠传统媒体（包括其数字平台）拓展是难以实现的，这就是跨平台的好处。而作为新闻生产平台的“浙江新闻”客户端，也在上线第二年 9 月就带来“800 万用户”[①]。这样的用户量，也是纸媒难以想象的。

① 杜付贵：《地方新闻客户端吸引力研究——基于浙江新闻等客户端的分析》，《河南工业大学学报（社会科学版）》，2016 年 3 月，第 60 页。

第二节　报业数字广告开发的效果比较

诚如本书第一章所言，报纸印刷版的广告收益已呈现显著而难以逆转的长期下跌趋势，中美乃至全球主要报业市场皆无例外。报业要想继续获取广告并达到增量发展，只有数字一途，即在数字端重建广告收益模式。审视中美两国报业转型发展的路径，可以看出在数字广告收益方面的不同做法和效果差异。

一、美国报业直接数字广告的增长

所谓直接广告，是指报纸通过各数字端内容生产平台获得的广告。这种广告获取的逻辑与传统纸媒差别不大，即依靠优质内容和品牌优势获得受众注意力，在数字空间实现广告变现，获取收益。所不同者，数字广告可以用量化的方式将注意力与广告产品之间建立关联，而传统媒体广告无法做到这一点。

美国从 2003 年开始，将报业的数字广告收入列入统计。此后，数字广告总体上呈持续增长的势头。2003 年美国报业的数字广告（也称在线广告）为 12.16 亿美元，第二年为 15.41 亿美元，2012 年为 33.70 亿美元，[①] 十年增长了近 200%。从 2011 年起，美国皮尤研

---

① *Newspaper Print Advertising Revenues Fall Online Grows.* Pew Research Center, February 26, 2014.

究中心（Pew Research Center）开始公布美国报业数字广告在广告总收入中的占比数据。该数据也显示出一条数字广告占比逐年显著扩大的走势，从 2011 年的占 17%，增长至 2018 年的 35%。这一趋势也充分说明，报业广告的未来在数字平台，而纸媒广告前景黯淡。

表 6.1　美国报业数字广告在广告总收入中占比（2011—2018）

Share of newspaper advertising revenue coming from digital advertising

Year	Advertising revenue coming from digital advertising
2011	17%
2012	19%
2013	20%
2014	21%
2015	25%
2016	29%
2017	31%
2018	35%

来源：Pew Research Center[①]

美国报业拓展直接数字广告的方式大约有以下三种：

1. 创建更多数字产品，增加广告发布渠道

媒介广告的开发和营销能力，与媒介产品的质量与数量成正比。质量因素容易理解，优质内容更容易获得注意力，也更容易带来广告。数量因素是指媒介为吸纳和拓展广告而做的增量工作。

增量主要体现在两个方面：

一是通过增加版面、延长时间、设计新的广告品种等方式增

① *Newspapers Fact Sheet*, Pew Research Center. www.journalism.org .July 9, 2019.

加广告销量。对报刊而言，是指扩充版面和增加版面内的广告品种（题花、赞助、版头等）；对电视而言，是指延长节目时间、设计新的广告品种（报时、植入、角标等）。这是新媒体诞生前传统媒体扩大广告销售的主要方式。但这方面的开发潜力已经被充分挖掘而近乎饱和，而且随着传统媒体的衰退，这方面的增量也难以为继（如报纸版面只减不增）。

二是通过增加媒介品种增加广告发布渠道。进入数字时代后，电视得以通过有线化和数字化实现频道的扩充。如今任何一个地方电视台的观众，都可以从当地电视台的数字入口，收看到全国上百家电视频道的节目，本地电视频道的数量也较模拟时代明显增加。但对报纸而言，则无此便利。好在数字时代，互联网为报业等传统媒体提供了增加媒介产品的无限可能性，如通过创办网站、社交媒体账户、移动客户端等方式，大大增加媒介产品的品种和数量，进而实现多渠道的广告营销。

美国报业之所以数字广告能够做到稳步增长，主要得益于上述第二种措施，即在数字平台大力开发媒介新产品。美国报业在客户端和社交平台上开发数量繁多的产品（如本报告前面所述），固然意在扩大受众，但同时也为广告营销提供了广阔的空间。例如《纽约时报》虽实施以发行收入为主要来源的盈利模式，但其约 15 个客户端和多个网站无一不包含广告营销任务，大量社交媒体账户也时刻将受众引入其含有广告发布的内容平台。

笔者曾现场调研过的美国大型报业集团麦克拉奇公司，其长期以来在扩大数字广告方面也建立了一套做法，并被美国报业协会旗下的美国报业研究院（American Press Institute）所推广。其中一条

重要经验就是："更多的产品，更多的收入流。"（Peskin，2013）[1]

2. 扩大技术赋权，增进广告效能

互联网和数字媒体本身是信息技术革命的产物。技术的迭代发展，正推动着数字媒体向更高级、更符合媒介生态需求的方向进化。因此，包括广告发布在内的数字媒体的任何传播行为，也必然受到技术的制约与影响。

就报业广告而言，至少两种技术性措施正在明显影响广告营收效果。

一是原生广告（native advertising）。这是进入数字时代后（大约2008年前后）才出现的广告技术或广告新品种，后在美国和欧洲迅速发展，且为美国报业广泛采纳，甚至延伸至纸质报纸版面。

原生广告的定义有多种说法，迄今尚未进入在线《大英百科全书》之类权威辞书。其成为正式的广告术语始于"2011年在线媒体、营销、广告大会"(Grimm，2015)[2]。维基百科的相关词条解释为"一种以在线发布为主的将形式与平台功能相匹配的广告形态"[3]。美国监管包括广告在内的各类商业活动的联邦贸易委员会（FCT），从2015年12月起将原生广告也纳入管辖范畴并制订了详细的规则。该规则对原生广告的解释为："在数字媒体上，原生广告常常将设计、形态和媒介功能组合起来，一同发布。"[4]

① Mary Peskin, "How McClatchy teaches 30 papers to sell digital advertising," www.americanpresinstitute. org, March 7, 2013.

② Jerrid Grimm, "A Brief History of Native Advertising," www.pressboardmedia.com, September 17, 2015.

③ *Native advertising*,www.wiki2.org.

④ Native Advertising: *A Guide for Businesses*. www.ftc.org December 2015.

而根据笔者对美国媒体原生广告实践活动的观察，原生广告实质上是将广告与非广告内容通过数字设计而巧妙结合的广告发布手段。由于这种结合方式在一定程度上打破了新闻传媒长期遵守的经营与内容严格分开的戒律，所以也常产生争议。尽管有争议，这种广告受到广告商的广泛欢迎，其发展已势不可当。

早在 2014 年的一项针对美国新闻媒体机构的调查就显示，3/4 的媒体机构已经在其网站上发布原生广告，九成新闻机构已经开展或计划要开展原生广告营销活动，41% 的媒体品牌将原生广告作为扩大广告营销的手段（Shewan，2020）。[①] 国际统计网站 eMarketer 2019 年一项调查称，美国大多数数字展示广告（digital display advertising）都已变成原生广告。其中 2019 年原生广告花费为 440 亿美元，较上年增长 86.6 亿美元。[②]

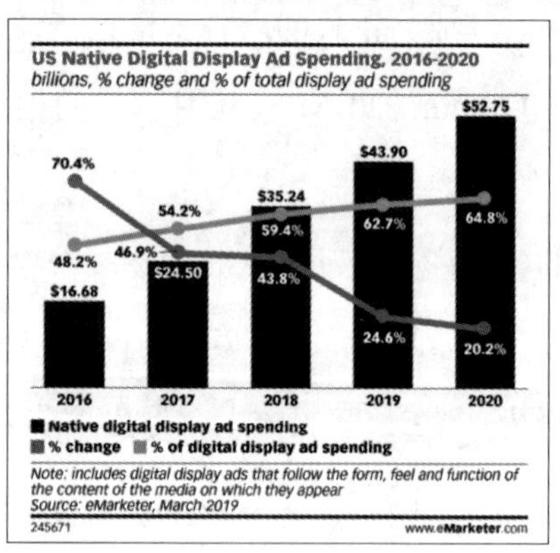

图 6.3 美国数字原生展示广告发展趋势（2016—2020）

来源：www.emarketer.com

---

① Dan Shewan, "Native Advertising Examples: 5 of the Best (and Worst)," www.wordstrea m.com, February 25, 2020.

② Micole Perrin, "US Native Advertising 2019", www.emarketer.com, Mar 20, 2019.

作为报业营销重要团体的国际新闻媒体协会（INMA，原名国际报业营销协会，总部在美国达拉斯）已经成立了原生广告研究院（NAI），并于每年 11 月在德国柏林举办原生广告节（Native Advertising Days）活动。根据该研究院 2017 年的调查，来自原生广告的收入已占被调查的新闻媒体广告总额的 18%，而上年是 11%，并预计到 2020 年将达 32%。[①]

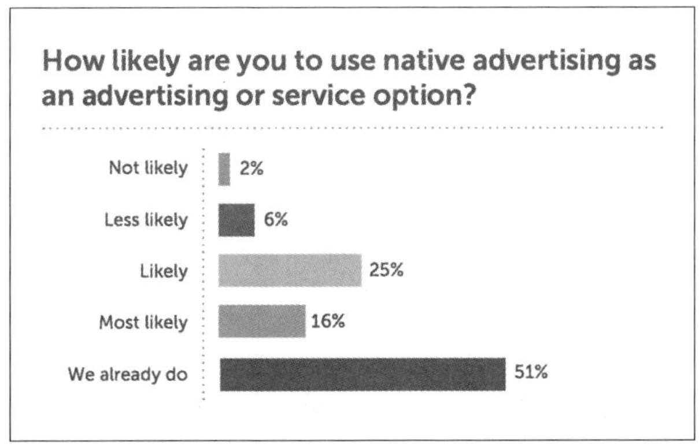

图 6.4 新闻媒体采用原生广告意愿调查

来源：Native Advertising Institute. 已经开展、很可能开展、可能开展分别占比 51%、16%、25%。

二是大数据推动。数字平台的广告主要通过页面浏览和点击打开实现受众关注。但数字媒体的多元化和庞大数量，极大地分散了受众的注意力，这使得单纯的页面浏览量（traffic，即流量）很难实现广告商想要的广告效果。英国《金融时报》全球客户关系部主任

① Jesper Laursen, "Native Advertising Trends in News Media," www.nativeadvertisinginstitute.com, December 2017.

布兰登·斯宾（Brendan Spain）2016 年 4 月在纽约媒体大数据会议上说，网络上的广告，每 1 667 次呈现，只能获得 1 次点击。也就是说，其中的 1 666 次是无效呈现，因为用户在页面停留时间太短，难以注意到广告。但如果将用户在页面的停留时间提高到 5 秒或 5 秒以上，广告的反馈率就会提高 79%，用户对广告品牌的认知度会提升 55%。因此，广告商现在不关注你流量多少，而关注用户的页面驻留时间（engagement）。①

现在美国主流报业也都在为这 5 秒钟奋斗，即通过大数据的方式了解受众对内容的关注度和在相关页面的停留时间，进而从内容质量、页面设计、广告呈现方式、服务器反应速度等方面改进工作，强化广告传播效果。笔者 2016 年实地调研考察的美国报纸，100% 通过 Chartbeat 等工具实现了对数字端传播现状的实时大数据监测。

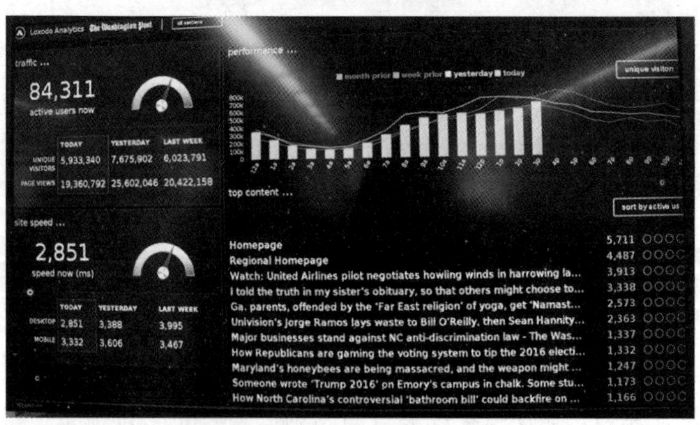

图 6.5 《华盛顿邮报》编辑部的大数据监测屏幕

来源：辜晓进拍摄自《华盛顿邮报》编辑部

① 辜晓进：《大数据新闻的西方媒体实践》，《新闻与写作》，2017 年第 12 期，第 28 页。

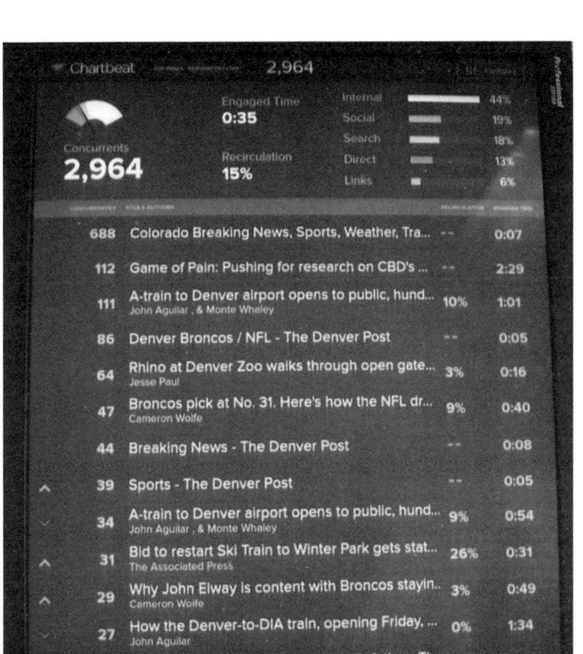

图 6.6 《丹佛邮报》编辑部的大数据监测屏

来源：辜晓进拍摄自《丹佛邮报》编辑部

3. 提高内容质量，增强产品吸引力

对美国主流报业而言，“优质内容是终极目标”。同时，“由优质内容驱动的新闻品牌，也是实现数字广告营销的核心资产”（Peskin，2013）[①]。

根据笔者对美国报业的调研与观察，即便在数字时代，“内容

① Mary Peskin, “How McClatchy teachers 30 papers to sell digital advertising,” www.americanpressinstitute.org, Mach 7, 2013.

为王”的概念仍是深入人心的。《达拉斯晨报》是美国区域报纸转型较为成功的典型，其总编辑迈克·威尔逊（Mike Wilson）曾担任美国著名网络新闻媒体“538”的执行总编辑。他在接受笔者访谈时说：“内容当然为王。我认为，不信奉内容为王的记者不会成为好记者。”①《纽约时报》在做强主报、主网站、主客户端的同时，一直致力于将其他垂直数字产品做成内容精品。例如该报将 Well 和 Smarter Living 两个客户端写入了《2020 发展报告》（The Report of The 2020 Group）。其中的 Smarter Living（更智慧生活）是该报 2016 年新创办的生活服务类新闻客户端，2017 年其推送订阅用户已达 36 万，当年该客户端的文章被 2 200 万人阅读。2018 年上半年，《纽约时报》下载收藏文章中的 33% 来自该客户端。该客户端于 2017 年就获得了 12 个稳定的广告赞助商。根据该报 2019 年的年报，其纸媒广告收入为 2.40 亿美元，而数字广告收入为 1.89 亿美元，后者不仅保持逐年增长，且正越来越逼近纸媒广告。②

提高内容质量还包括升级内容形态，其趋势是视觉化和语音化。笔者调研过的美国报业机构，无不在大力开发视频内容，其中一个重要考量，就是视频内容可以提高受众驻留时间，提升广告效果。《丹佛邮报》总编辑李·安·科拉齐奥普（Lee Ann Colacioppo）认为，视频的最大好处就是吸引广告。她说：“跟随视频内容的广告比普通数字广告更有利可图，因为同样的时间单位，广告商愿意付 4 至 5 倍的价格。当你打开视频新闻时，广告就会跳出来，广告商很

① 辜晓进：《重走美国大报 / 美国报业转型：颠覆与重生》，南方日报出版社，2018 年，第 250 页。

② *The New York Times Company 2019 Annual Report*. March 13, 2020, P 30.

喜欢这种方式。”[①]

二、美国报业间接数字广告的开拓

间接数字广告是指美国报业通过与第三方合作或收购数字平台而实现的广告业务。这方面，美国与欧洲都有突出表现。例如报纸分类广告在欧美都是受新媒体冲击最严重的广告品种（美国报纸分类广告收入从 2000 年的 196.09 亿美元，跌至 2012 年只剩 46.86 亿美元，并继续大幅下跌），而欧洲最大报业集团、德国的艾克索·斯普林格集团（Axel Springer）于 2012 年联手全球著名投资公司大西洋通用集团（General Atlantic），组建艾克索·斯普林格数字分类广告公司，随后展开针对一些大用户量数字分类广告公司的一系列收购和兼并活动，包括当年收购的在德国 11 337 个城镇拥有汽车、房地产、招聘等分类广告业务的 Meinestadt.de 网络公司。[②] 此举不仅弥补了报纸等传统媒体在分类广告上的缺口，还成为全球最大的数字分类广告公司之一，变新媒体的受害者为获益者。其 2019 年数字广告收入高达 12.138 亿欧元。[③]

美国很多报纸也采用了包括收购分类广告公司在内的各种间接广告开拓方式，而这方面尚未见到国内有文献涉及。现以笔者在美

---

① 辜晓进:《重走美国大报 / 美国报业转型：颠覆与重生》，南方日报出版社，2018 年，第 427 页。

② *Axel Springer Digital Classifieds to Acquire meinestadt.de*. www.axelspringer.com. August 21, 2012.

③ *Axel Springer Annual Report 2019*. www.axelspringer.com. March 10, 2020.

国现场调研的两家较为典型的报业公司为个案，简述美国报业的此类做法。

1.《达拉斯新闻晨报》

该报位于美国德克萨斯州的达拉斯市，是创办于1881年的比罗集团（A. H. Belo Corporation）的旗舰报纸，也是美国西部著名的区域报纸。2013年以来，该集团先后出售包含20个电视台的广电资产及其他州的一些报纸，变身以《达拉斯新闻晨报》为核心的、较为纯粹的报业集团。该报在报业转型方面最为同行称道的措施之一，便是通过收购数字公司获得基于新媒体平台的收入增长，尤以收购拥有数字广告业务的公司为主。

2015年1月，该报收购了3家数字公司，分别是Distribion，Vertical Nerve和MarketingFX。其中，Distribion是一个电邮营销平台，即通过一种自动电子邮件系统帮助广告商实现即时的广告营销。Vertical Nerve是高端的SEM（Search Engine Optimization，优化搜索引擎）和SEO（Search Engine Marketing，营销搜索引擎）搜索营销系统。所谓高端营销，是该报并不直接与客户合作，而是作为获得Google白金认证的机构，与Google合作实现搜索营销。他们每月为此支付Google公司1万美元的许可费。MarketingFX则是一种数字广告开发系统。这三家数字公司较好地填补了报纸的短板，当年就带来1 400万美元的收入，“而且还在增长中”（格兰特·摩西语）。

该报主管经营的高级副总裁格兰特·摩西（Grant Moise）接受访谈时说：“我们这样做是因为我们意识到，单靠原有的传统媒体很难在数字收入上取得突破。我们需要收购有潜力的数字企业以保持较快速度的增长，这样才能抵消纸媒下滑产生的亏空。我们不能完全依靠自己创建数字公司，还要购买现成的成功企业，这样才能有足够快的发展。”①

据摩西介绍，该报也和美国其他报纸一样，分类广告下滑得非常厉害。但得益于收购或与第三方合作（Google 等），该报纸媒上的分类广告虽然已经微乎其微，但数字端的汽车分类广告一直保持增长，房地产分类广告的增长尤为强劲。而该报在 monster.com 上面的招聘分类广告也远远大于纸媒的同类广告。该报 2015 年的数字广告收入较上年增长了 22%–23%。②

摩西说：“我们报纸的分类广告收入减少明显，唯一乐观的是，这些分类广告在我们的数字平台持续增长。”③

关于其中的 Vertical Nerve（可译作“垂直脉络”）和 Marketing FX，比罗集团董事长兼该报发行人吉姆·莫洛尼（Jim Moroney）说得更清楚。他说，该报作为 Google 认证的白金客户（全球只有 30 家），我们得以通过“垂直脉络”为企业提供 SEM（优化搜索引擎）和 SEO 两种服务，例如必胜客就享受着我们这种搜索服务。而 MarketingFX 作为一种数字广告系统，可以提供自动购买或销售服务，实现“在线程序化购买服务”（programmatic inventory buying online）。他举例说：“假如你想出售一台丰田汽车，我们就可以提供数据，并运用这个数据在网上搜索，以发现此刻在这个市场中有哪

---

① 辜晓进：《重走美国大报 / 美国报业转型：颠覆与重生》，南方日报出版社，2018 年，第 227 页。

② 同上书，第 228 页。

③ 同上书，第 232 页。

些人想要购买丰田汽车。然后我们向那些有购买丰田汽车意愿的人推送销售广告。所有这些动作都通过机器完成，包括下载数据、搜搜网络、发现目标人群、推送广告等。”①

他说：“我们购买这些公司的原因，就是我们在印刷报纸上失去了这些广告。我们的纸媒已经不再为我们赚很多钱了，它们赚的钱还不到过去的一半。我需要重建我们的收入架构。重建的手段，就是创造新的渠道，让广告客户能够抵达他们想要抵达的受众，也就是他们的目标受众。”②

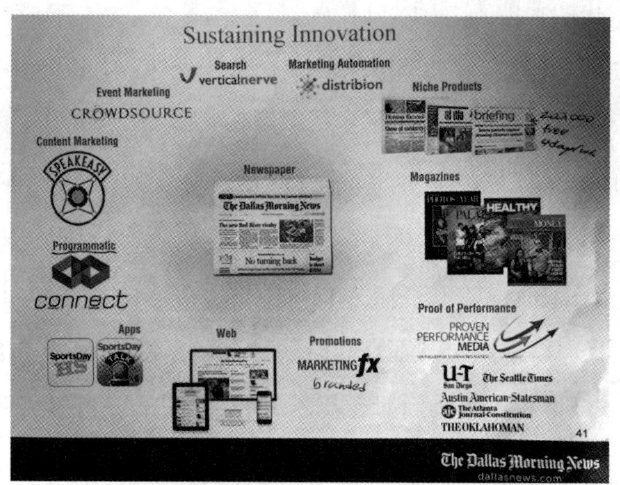

图 6.7 《达拉斯新闻晨报》全媒体商业模式创新图

（含上文提到的 3 个收购的数字广告公司）

来源：辜晓进拍摄自莫洛尼董事长提供的示意图

---

① 辜晓进：《重走美国大报 / 美国报业转型：颠覆与重生》，南方日报出版社，2018 年，第 257–258 页。

② 同上书，第 257 页。

2. 诺拉媒体集团（NOLA MEDIA GROUP）

该集团位于美国路易斯安纳州的新奥尔良市，其完全是报业转型实施组织重建后的新机构，是在原《皮卡尤恩时报》(The Times-Picayune）和 nola.com 网站的基础上组建的。《皮卡尤恩时报》创刊于 1837 年 1 月 25 日，是路易斯安纳州的最大报纸，马克·吐温、欧·亨利、威廉·福克纳等文豪都曾在该报工作过。

如前面章节所述，该报作为美国大型家族媒体集团前进出版集团（Advance Publications）旗下的核心报纸，最引发美国关注的转型改革，便是全面实施数字优先战略。而在经营方面，他们在积极拓展直接数字广告的同时，也采取了与第三方合作的方式扩大广告收入。据该集团主管数字创新的副总裁詹姆斯·奥伯恩（James O’Brne）介绍，他们近年在数字广告技术方面投资“非常强悍”，已经拥有自己的数据经营平台，有自己的自动化、程序化的数字广告系统，因而可以在全国范围完成报纸网站之外的数字广告经营。

他在访谈中说：“我们实际上是在做与 Google 等互联网公司同样的事情。Google 不断搜集用户数据，并根据用户行为改进他们的服务，我们也一样。例如，大约一周前我上了一家服装网站，我只是对其中的一条裤子有兴趣而多看了几眼，但我并未购买就退出了。此后这家网站就开始 remessaging（重复发送信息）我，还通过电话或电邮发来广告，最后我买了那条裤子。我们面向全国的数字广告营销系统和这差不多，但我们是大面积的。在这样一个科技充分发展的世界里，我们正通过自己的办法让商业公司更加了解顾客的消费行为。过去，这些公司只是单纯地向我们购买广告，希望有一部分受众对这广告有兴趣。现在我们可以在很大程度上知道受众的市场行为，他们对什么商品有兴趣，怎样找到他们，而这是一般商家所做不到的。”①

诺拉媒体集团总裁里基·马修斯（Ricky Mathews）对此补充介绍说：“纸媒流失的分类广告，我们从数字平台捡回来了。例如，我们纸媒上的汽车分类广告下滑剧烈，但在过去两年里，汽车分类广告是我们数字广告中增长最快的品种。去年我们的数字汽车广告较上年增长了 50%。纸媒的分类广告都去哪里了？不就是被新媒体分流了吗？现在我们自己的数字广告平台很强壮，我们自己就成为分类广告的接盘者。这就是奥伯恩讲到的数字广告系统发挥的作用，它集合了社交媒体和搜索网站的优势。我们去年从一个客户就获得 70 万美元的数字分类广告。”②

三、中国报业数字广告仍处于初级阶段

坦率地说，研究中国报业数字端的广告情况比研究纸媒广告更加困难。首先，迄今为止，并无国家或地区层面的宏观统计数据，也没发现任何国内研究文章涉及此类宏观数据。目前由清华大学传媒蓝皮书课题组每年发布的《中国传媒产业发展报告》，算是相对全面系统地触及了包括报业在内的传媒经营情况，但直至 2019 年度的报告，也无这方面的数据。其次，是作为个体的报业数字广告数据，

① 辜晓进：《重走美国大报 / 美国报业转型：颠覆与重生》，南方日报出版社，2018 年，第 201–302 页。

② 同上书，第 302 页。

其发布方式处于偶然性、不规范、不准确和不连贯的状态。例如国内数字转型较为成功的澎湃新闻，其广告收入都来自数字端，但迄今除了其前总编辑邱兵 2015 年 9 月接受媒体采访时提到的“今年广告大概6 000万”，[①] 此后外界再也未得到澎湃广告更新的数据。而那时澎湃客户端的下载量才 2 000 万，现在早已超过邱兵期待的“1 个亿”用户，广告收入理应有较大增长，可惜没有任何数据流出。第三，大多数报纸的数字端广告几乎少得可以忽略不计，因此笔者虽然做了一些调研，但对方一般也不太愿意透露具体数据。即便有很好的关系而获得了数据，也必须遵守不向外披露的承诺。

不过，我们仍可循另外路径窥视一些端倪。其中最主要的路径是媒体类上市公司。上市公司按规定必须逐年公布年度报告，其中的广告收入作为重要的收入类别，一般是不能回避的。这也是我们研究国外媒体时常用的途径。另外就是从媒体负责人的讲话或某些公开报道中寻找线索，尽管这些信息里往往也有水份。

1. 上市公司披露信息中的数字广告数据

根据中国证监会关于上市公司的行业划分，目前传媒、娱乐业的上市公司超过 100 家，但其中真正与报业有关的上市公司不到 10 家。而这少数报业上市公司中，可将数字广告拆分评估的公司更加稀少，而国外很多报业上市公司早已将纸媒广告和数字广告分开统计，如《纽约时报》。在此，我们选择浙数文化、粤传媒和人民网三家报业相关上市公司作为观察点。

---

① 甘恬：《澎湃：务实的理想主义》，《传媒评论》，2015 年第 10 期，第 32 页。

先看浙数文化（600623）。浙数文化前身是2011年上市的“浙报传媒”，是浙江日报报业集团绝对控股的子公司，也是全国第一家媒体经营性资产整体上市的报业集团。在上市后的前五年，其业务利润来源主要有两大部分，分别是广告及网络推广，在线游戏运营。2016年，这两部分的运营毛利润分别为25 079万元和53 000万元。其中广告及网络推广因传统媒体广告业务逐年明显下降而不断萎缩，从2012年在总业务利润中占比92.51%（当年收购杭州边锋和上海浩方两大游戏公司，这部分收入从2013年起计入财报）下降至2016年的21.05%（游戏业务增至44.49%）。于是该公司于2017年剥离传统的报业资产，将新闻传媒类资产共计21家子公司剥离后出售给控股股东浙报控股，于2017年改用现名“浙数文化”（禹建强、马思源，2018）。[①] 此后，该公司的业务收入分为六大板块：数字娱乐、大数据、数字体育、融媒体、文化产业服务及投资业务、浙数文化产业园。其中融媒体板块，应当包含数字广告及网络推广业务。可惜在该公司年报中的“主营业务分析”中，却无对应数据，只分为“在线游戏运营收入”“技术信息服务收入”“商品销售服务收入”和“其他收入”四项。就相关性而言，包含数字广告的融媒体收入应归入“技术信息服务收入”中。这部分收入2019年为4.94亿元，在总营业收入28.27亿元中，仅占17%。[②] 由于这部分应当还包含“数字体育”“大数据”等板块，数字广告与网络推广业务所占比重还会

① 禹建强、马思源：《从利润权重解析报业上市公司盈利模式的转变》，《国际新闻界》，2018年第5期，第132–133页。

② 《浙报数字文化集团股份有限公司2019年年度报告》，2020年4月28日公布，第15–16页。

大大降低。

再看粤传媒（002181）。粤传媒全称是“广州日报传媒股份有限公司”，是广州日报社绝对控股的子公司，2007 年上市。在其 2019 年年报的“营业收入构成”里，有三种分类：分行业、分产品、分地区。在“分行业”里，有“广告业务”“发行业务”“印刷业务”“网络服务”等组别。在“分产品”里，有“报刊”“商业印刷”“新媒体”等组别。从 2019 年年度报告的数额看，“分产品”里面的“报刊”相当于“分行业”里面的“广告业务”“发行业务”之和，为 4.06 亿元，可视为纸媒业务；“分产品”里的“新媒体”则与“分行业”里面的“网络服务”数额完全一致，为 2 793 万元。[①] 由此可以判断，数字广告业务应是包含在新媒体里面的，而新媒体的收入仅相当于全部营业收入 6.79 亿元的 4%。而且这 4% 中还应包括新媒体里的非广告收入，诸如代运营等。因此不难据此推论，作为中国第一个报业集团和最早的报业上市公司之一的粤传媒，数字广告无论是占总营收入还是纸媒广告 2.27 亿元的收入之比，都是很小的。

最后看人民网（603000）。人民网是人民日报社绝对控股的子公司，2012 年上市。在该公司的十大股东里，既包括持股占比 48.43% 的人民日报社，还包含同属人民日报报业集团旗下的环球时报社（第二大股东，持股 8.12%），以及同属该集团的中国证券金融股份有限公司（第五大股东，持股 1.31%），这三大股东都是报业媒体。由此可见，人民网实质是一家与报业有强相关性的媒体上市公司。

---

① 《广东广州日报传媒股份有限公司 2019 年年度报告》，2020 年 3 月 9 日公布，第 16 页。

但在主营收入里，纸媒收益均未包含在内，收入全部来自人民网自身，因而可视为较为纯粹的数字收入。根据其2019年的年报，主营收入中“广告与宣传服务”为9.67亿元，在三大主营收入中居首（另外两大收入分别为移动增值服务，3.64亿元；信息服务，6.02亿元）。[①] 根据2019年年报中“公司业务概要”的相关描述，“广告及宣传服务”是“依托人民网以及环球网、海外网等子公司运营平台活动及赛事服务平台，在网站、客户端、互动社区等页面、栏目上，通过文字链、图片、多媒体等表现形式为客户提供多维度的广告及宣传服务”。[②] 人民网作为有着海量受众的平台级数字媒体，已经完成了线上商业模式的建构，形成以数字广告为主要收入来源的新型媒体，这完全区别于其他报业上市公司。

2. 其他来源的数字广告数据

除了上市公司，还可从一些公开演讲或工作总结中获得微观数据。如据上海报业集团社长裘新在2019年一次内部讲话中透露，2018年该集团的新媒体广告收入同比增长32.1%，2019年新媒体广告预算同比增长20.6%。[③] 这个增幅都相当可观，但可惜上述两年的数据均未提及具体数额，笔者迄今无法获知上海报业集团数字广告的规模。

此外还有内部渠道。据笔者对某一线城市党委机关报2019年广

① 《人民网股份有限公司2019年年度报告》，2020年4月17日公布，第14–15页。

② 同上，第10页。

③ 《上报集团党委书记裘新：澎湃新闻日活1000万，集团新媒体收入超50%》，百姓生活网，http://ys.ccwqtv.com/zt/tc/xw/news292341.htm.，2019年2月24日。

告收入情况的调研（承诺不披露绝对数据），其来自新媒体的广告收入约只占纸媒广告收入的6%。这里的新媒体包括网站、客户端、微博、微信公众号等平台，其中客户端获得的广告相对较多，而微博少得可忽略不计，微信公众号也很少（每周只能获得1–2条广告）。此类情况在全国大中型报纸中较为普遍，而在发展相对落后的地区和报纸，数字广告收入就更少。

第三节　多种经营：两国报业的齐头并进与不同路径

多种经营对报业而言，早已有之。之所以被列入本研究的关注议题，是因为它已成为报业重建商业模式时不得不考虑的重要收入来源。在纸媒广告仍占较大比重却呈现不可逆下行、数字广告尚不足以抵消纸媒广告之亏空、绝大多数报纸的发行收入（含数字发行）还不能独立支撑报纸生存的情况下，向第三方要收入便成为必然道路。

事实上，中美报业在这方面都有清醒的认识，并取得卓有成效的成果。只不过，两国的报业在多种经营道路上的路径有较大差异。

一、多种经营作为整合模式的回归

罗伯特·皮卡德（Robert Picard）被很多学者尊称为“传媒经济学之父”。笔者对这一提法并不完全赞成，因为在他之前很多年，就先后有美国明尼苏达大学教授Roland Snow Vaile出版的《广告经济学》(1927 年)、加州大学 Irving Bernstein 出版的《电视生产与发行的经济学》(1960)、剑桥大学教授 W. B. Reddaway 在 Economic Journal 发表的《报业经济学》(1963)、斯坦福大学经济学博士 Bruce M. Owen 等率先提出的“大众传媒经济学”概念等（陈中原，2005)。[①] 但这并不影响皮卡德在传媒经济学方面所做的开创性贡献。他于 1988 年创办的《传媒经济学》杂志，不仅是世界上第一个传媒经济类学术期刊，也是传媒经济研究由经济学主导转向新闻传播学主导的一个转折点。他于第二年出版的《传媒经济学：概念与问题》成为第一本传媒经济学的教科书。

作为 30 多年来持续这一领域研究且著述甚丰的学者，皮卡德于 2014 年到访中国人民大学时表达了对数字时代报业多种经营的看法。他说：“未来应该是一种整合盈利模式（即广告、内容和服务整合在一起)。……一百年前报纸的赚钱的方式与今天是很不同的，也曾经拥有多样化的收入和经营方式。比如说报社也开书店、跟旅行社合作提供旅游服务、作为股票交易所的一部分来提供金融信息、甚至还卖葡萄酒等等，放到今天来看确实不同寻常。所以，对于传统媒体来讲，靠多样化的经营去盈利的历史还是很悠久的。以前是这样，以后可能也是这样。我认为，未来媒体可能需要依靠五到六种的经营方式，不光是靠内容，也要靠其他的经营方式去合并盈利，比如举办商业活动、与政府合作等。”（皮卡德等，2014 ）[②]

皮卡德说上述这番话时是 2014 年，那时候中美报业都已处于危

---

① 陈中原：《传媒经济学研究的简要回顾》,《新闻大学》2005 年春季刊，第 9–10 页。

② 罗伯特 . G. 皮卡德、喻国明：《数字化时代世界传媒经济研究的新转向——与罗伯特 .G. 皮卡德教授的座谈会对话录》,《国际新闻界》，2014 年第 8 期，第 98–99 页。

机之中，多种经营已成重要选项并取得了长足的进步，而且在最近数年达到了一个多种经营的高峰，并还会持续下去，出现更加丰富的经营场景。

二、美国报业的多种经营

根据《走进美国大报》(辜晓进，2002) 对传统时期美国报业经营状况的全面描述，多种经营在那时尚未成为绝大多数美国报纸的经营选项。广告收入占总收入的八成以上是普遍现象，其次就是发行收入，通常占比百分之十几。一些拥有自己印刷厂的报纸通过承接对外印刷业务获得经营收入，或少数拥有多余物业的报纸将物业出租获得租金收入，是观察到的为数很少的第三种收入来源。但到2016年笔者赴美调研时，多种经营已经成为从全国到地方很多报纸的最重要选项之一。这实际上也是在广告大幅下滑后的无奈之举。

美国报业目前最普遍的多种经营方式，是通过组织线下活动并与线上推广相结合，实现盈利收入。“活动主办已成为报业机构联合赞助方获取更多收入的又一途径。”(Bird，2017) [①] 例如《华盛顿邮报》2013 年就举办了 26 场活动，主题从少年肥胖论坛到网络安全不等。这些活动为该报带来六位数的收入。[②] 这种被美国报人称为 events 的经营方式，正在被越来越多的报纸所采用，而成为首屈一指的第三种收入来源。另据“媒体创新”网站 INNOVATION 最新

① Beverly Bird. *How the Newspaper Industry Is Profitable Today*. www. gobankingrates. com, April 21, 2017.

② Ipid.

披露，通过举办活动获得的收入，在很多报刊总收入中的占比已达20%。美国举办活动最突出的是《大西洋月刊》。该刊从2006年开始将活动纳入创收计划，并组建了专门的团队（目前有30人），近年每年举办的活动数量多达125个，在截至2019年的4年内，每年的活动收入都成倍增长。其最大一次活动是"阿斯本创意狂欢节"（Aspen Ideas Festival），虽然为期4天的门票价格高达3 000美元，却有超过4 000人慷慨解囊参与其中。小一点的活动有"纽约创意大会"（New York Ideas），门票149美元，815人参与。《大西洋月刊》因而被称为"活动机器"（events machine）。[①]

报纸方面，以美国最大报业集团甘尼特出版集团为例，其每年都举办各种活动。由于该集团在全国各地拥有100多种日报（2019年11月之前），其活动可以通过各地报纸形成联动，产生较大的社会效应，因而受到商家和民众的欢迎，提供活动赞助的商家也包括耐克、Facebook这类商业巨头。其中每年举办且已持续多年的活动之一是"塔克狂欢节"（Taco Festival）。"塔克"本是一种裹着各种食物的玉米饼，属墨西哥传统美食，因在美国颇受欢迎而形成塔克美食节，进而发展为影响广泛的大众狂欢活动，内容包括美食、购物、大型表演、娱乐赛事等，于每年夏秋季节在各地举行。有报道称，得益于这些狂欢活动，美国人每年吃掉45亿个塔克饼，平均每人约15个。甘尼特近年每年都深度参与该活动的推广和营销，且利用其

---

① John Wilpers. *Events are becoming a substantial source of new revenue*. www.innovation.media, February 17, 2021.

在各地的分支机构，取得了很好的效果。[①]

此类活动至少为甘尼特带来三大好处：一是增加经营收入，主要体现在门票提成和广告收入。通常 1 张普通塔克狂欢节的门票为 12 美元，VIP 门票为 450 美元（可享受多种特殊项目，包括面见著名业界领袖）。全国算下来，数额可观（只可惜该集团未提供具体数据）。而由于成为活动的主要支持媒体，相关报纸在活动期间会获得很多广告。二是拓展用户。由于狂欢节的影响和甘尼特媒体的深度参与，每年的活动都会吸引更多的受众成为甘尼特的用户。甘尼特公司首席营销官（CMO）安迪・亚斯特（Andy Yost）曾以底特律的狂欢节为例，说当地每年的参与者中都有很多人过去并非甘尼特旗下任何媒体的用户，而且他们都很年轻，2/3 参与者的年龄在 35 岁以下。三是强化了对社区的服务，而这正是甘尼特各地媒体对用户的承诺。如该集团首席产品官（CPO）丹尼尔・伯纳德（Daniel Bernard）接受笔者采访时所说，用户关系是该公司特别重视的日常工作，关系到媒体的发展存亡。据介绍，甘尼特公司 2017 年将举办或参与 500 场以上各类活动。[②]

《费城问讯报》作为区域性报纸，也致力于通过组织活动增加收入。其中就包括一年一度的费城就业大会，该活动已形成很好的品牌效应，正如该报母公司费城媒体集团高级副总裁、总编辑斯坦・维茨诺夫斯基（Stan Wischnowski）所说，“已成为费城最具影响、声誉最佳的职场活动，有一大批人购票参加，有多个赞助商资

① 辜晓进：《重走美国大报 / 美国报业转型：颠覆与重生》，南方日报出版社，2018 年，第 78–79 页。

② 同上书，第 79 页。

助该活动"。除此之外，还有关于有机食品和健康养身以及体育等的活动。例如该报每年与费城的梦幻橄榄球队联合举行"梦幻橄榄球之夜"活动，总是吸引大量球迷参加。[①]

在笔者调研的美国10多家主流报业机构中，"活动"创收活动已普遍展开，且都根据各报的特点和在当地的影响力设计实施。除此之外，版权收入等也在多种经营范畴。如甘尼特集团的内容许可收入，指在通过"蝴蝶战略"实施包括《今日美国》在内的集团内报纸内容共享时，向其他参与者收取的刊登许可费。集团旗下还有一个体育媒体集团（Sports Media Group），可向其他媒体出售图片、视频等产品，"而且挺赚钱的"[②]。

可以看出，美国报业的"活动"性收入，也有利于扩大社会影响，提升品牌号召力，进而增加受众数量。实际上，美国报人将此视为内容之外的受众服务，是新闻业信息服务的延伸，因而其与内容主业是紧密关联的。美国有媒体专家将新闻机构举办活动的好处归纳为以下14条：

1. 增加媒体曝光度（Boost exposure）

2. 收入来源多元化（Diversify revenue sources）

3. 不像其他收入来源那样容易被中断（指受数字传播影响）(Are much harder to disrupt than other revenue sources）

4. 强化与受众和赞助商的关系（Deepen connections with audiences and sponsors）

---

① 辜晓进：《重走美国大报/美国报业转型：颠覆与重生》，南方日报出版社，2018年，第155–158页。

② 同上书，第78页。

5. 促进发行（Hike circulation）

6. 提升与专业活动主办方的竞争力（Beat the competition to ownership of a niche）

7. 拓展与商业组织和其他机构的关系以增加今后的收入机会(Expand relationships with businesses and institutions that may add more to a publisher’s coffers over time)

8. 吸引那些以往并不向报刊投放广告的广告商（Attract advertisers who might not advertise in the magazine’s media）

9. 传播新闻（Break news）

10. 提升报刊在消费者和垂直领域的形象（Raise the magazine’s stature among consumers and key players in z niche）

11. 向订户提供特别入场奖励（Reward subscribers with special access）

12. 为报刊提供与订户和潜在读者“面对面”的机会（Give magazines “face time” with their subscribers and potential subscribers）

13. 改变媒体的组织文化生态（Chane organasational culture）

14. 具有高增长潜力（Have high growth potencial）[①]

① John Wilpers, “Events are becoming a substantial source of new revenue”, www.innov-ation.media, February 17, 2021.

三、中国报业的多种经营

中国当代报业的多种经营活动起步总体早于美国。20 世纪 80 年代乘改革开放东风，中国报纸的市场意识开始觉醒，首先体现在广告和发行以及驱动这两个轮子的内容生产方面。到了 90 年代，中国报纸的经营动力更强盛，出现各种类型的多种经营，一直持续至今。

与美国同行倾向于通过组织“活动”获取广告、发行等主营业务之外的收入不同，中国报业的多种经营更加多元化，大体涉及房地产、零售、培训、资本运营、承接印刷、政府服务、新媒体代运营、版权交易等领域。视频传播热潮来临后，很多报纸也积极在视频产品上做文章，有的已将其作为新的收入来源。

1. 电商的早期尝试与新近成功

中国报纸早期的多种经营首先得力于国家政策层面的支持。1988 年 3 月 16 日，国家新闻出版署和国家工商行政管理总局颁布《关于报社、期刊社、出版社开展有偿服务和经营活动的暂行办法》。“办法”允许报社“发挥其联系面广以及信息、人才、技术、知识、设备器材等方面的优势，开展国家政策允许的、与本身业务有关的有偿服务和经营活动”[①]。受此鼓舞，各地市场意识较强的报纸普遍在广告、发行等主营业务之外，开展多种多样的经营活动。如深圳市委机关报《深圳特区报》，就曾于 20 世纪 90 年代中期起同时涉足

---

① 《关于报社、期刊社、出版社开展有偿服务和经营活动的暂行办法》，http://laws.66law.cn/law-26304.aspx。

零售业和房地产业。当时涉足零售业的设想也是合乎逻辑的：报社自办发行后有超过千人的发行队伍，每天上门送报，方便接触同时作为消费者的订户，进而进行点对点的上门服务。于是，报社成立超市式的零售服务公司，让发行员在送报的同时接单送货（那时还没有快递业）。但由于经办人缺乏零售业经营经验，加上当时互联网尚未普及，对货品难以做到“眼见为实”，通过电话接单在货品的描述上又会与客户的理解产生偏差，加上支付手段不够便利，因此年年亏损，第三年便停止了这项服务。①

20 年后的 2015 年，中国电商如火如荼，快递业趁势崛起，重庆日报报业集团按照与当年深圳特区报社类似的思路，在原发行公司的基础上组建成立“重庆重报电商物流有限公司”，其主要业务就是利用多达 3 000 人的发行队伍和熟悉小区环境的优势与便利，承接电商平台“落地配”（即“最后一公里”配送，含开箱验货、代收货款等）服务。2016 年，该公司的非报刊经营收入就突破 6 000 万元，公司也成为重庆最大的本埠电商落地物流公司，其中“落地配”全年日均接单量突破 4 万单。2018 年又增加生鲜配送等新业务，2020 年公司经营收入（不含报刊发行）达到 2.83 亿元。②

2. 90 年代并不成功的全面开花

再回到 20 世纪 90 年代，当时国内报纸在国家政策的鼓舞下，掀起一股“经商热”和“办公司热”，但由于涉足陌生领域，大多数

---

① 据笔者回忆。

② 重庆日报：《从报社报复到营收近 3 亿元！ 这家地方党报发行公司凭啥》，传媒茶话会，2021 年 1 月 18 日。

报纸都有盲目投资而在多种经营方面吃亏的教训。如湖北《孝感日报》“10 年中先后办了 12 个公司、工厂、服务社等经营实体”，但“失败比成功多”，“亏损的公司比赚钱的多”。《南方日报》在 90 年代前半期“就曾因大量投资于毫不熟悉的产业和地区而亏损 1.4 亿多元，至今血本无归”。“《深圳商报》所办的企业，除发行公司、印刷厂外，效益都不很理想。”（禹建强，2002）[①] 唯独房地产经营受益于持续 20 年以上的房地产黄金期，加上各报在获得土地方面享受的政策性优惠，绝大多数报纸只赚不赔，且延续至数字时代，成为很多报纸迄今仍乐此不疲的投资领域。代表性报业如浙江日报报业集团，其于 2005 年 8 月与浙江大型房企绿城集团共同组建浙江报业绿城投资有限公司，各自持股 50%，“积极进军二三线城市的房地产市场”，甚至扩展到山东、福建等地，“收益甚丰，来自于房地产的净利润一度超过报业的净利润”[②]。深圳报业集团在主营业务逐年萎缩的情况下，目前自有物业的租赁收入也占了全年净利润的近半江山。

3. 数字时代的代运营与版权经营

到了 21 世纪的数字时代，随着转型的深入，中国报纸多种经营的最大亮点变成利用各自优势，承接政府部门和企事业单位的在线服务和新媒体代运营等业务。这方面较为突出的是深圳的《晶报》。该报是创刊于 2001 年的都市类日报，在深圳本地报纸中一度发行量领先，广告年收入也连续多年超过亿元，但近年随纸媒衰落而下滑

---

① 禹建强：《对报业多种经营的反思》，《中国记者》，2002 年第 7 期，第 66 页。

② 郭全中：《复盘浙报集团的转型之路》，https://www.sohu.com/a/123214327_481352，2017 年 1 月 2 日。

明显。从 2015 年 1 月起，该报探索出一种通过政务融媒体代运营实现数字端创收增收的新模式。至 2017 年底，该报代运营项目突破 100 个，2019 年超过 130 个，覆盖深圳各局、区、街道办、社区、国有商业机构等，服务总粉丝量达约 2 000 万，还创造了点击量超过 5 000 万的“戏精女护士”等爆款在线视频产品。在 2019 年 8 月举行的中国传媒经营大会暨 2018–2019 中国传媒经营价值百强榜发布会上，该报名列百强榜的新媒体 30 强（客户端类）和全国都市报 20 强（第 9 名）。在 2019 年度总营收的 13 287 万元中，新媒体收入为 4 724 万元（公众号代运营收入占比 95% 以上），占总收入的 35.55%。[①]

而类似甘尼特集团的内容许可收费，国内报业也有相关实践。较为典型的是《新京报》和澎湃新闻的“版权收入”。《新京报》“将新闻产品转化为可交易的数字资产，按照报网、快讯、微号、视频分类定价，客户可以单购，选择其中积累或是打包采购。对于独家新闻或深度报道，按照 3 000–5 000 元的价格单篇售卖”。“2017 年，该报版权收入占报社营业收入的 20%，成为其重要经营支柱。2018 年，版权收入有望覆盖采编成本。”[②] 上海报业集团“2018 年新媒体版权内容服务收入同比增长 18.8%。2019 年收入预算同比增长 22.1%，其中，澎湃新闻版权收入达到 4 000 万元”。[③]“智库”收入也

---

① 笔者在该报调研数据。

② 蓝鲸财经记者：《2018 传媒经营案例：南都智库创收 5 000 万，新京报版权收入覆盖采编成本》，www.new.qq.com.，2019 年 1 月 15 日。

③《上报集团党委书记裘新：澎湃新闻日活 1 000 万，集团新媒体收入超 50%》. 百姓生活网，http://ys.ccwqtv.com/zt/tc/xw/news292341.htm。

成为一些报纸的新增长点，典型的有《南方都市报》。2018 年 2 月，南都成立“南都大数据研究院”，目标是“内容智库化，传播智能化”，形成数据新闻、榜单评价、民意调查、咨询研究、鉴定评测、评估认证、数据库、轻应用“八大产品形态”，当年经营收入近 5 000 万元。①

4.《深圳晚报》的多场景经营新模式

而在更多场景的多种经营方面，《深圳晚报》的经验值得关注。该报总经理周智琛在与笔者的访谈中介绍说：近年来，该报全方位展开各种创意创新行动，推出“大活动”“大项目”“大 IP”，建构“新产业”“新场景”“新势能”，大胆进入一些传统报业并不占具优势的领域，形成“深晚品牌智库”“深晚影业”“深晚演艺”“深晚设计”“深晚公益”“深晚社交”“深晚展览”“深晚音乐”“深晚数据”“深晚图书”十大创意平台。如 2019 年该报举办的“2019 创意共享暨创新创意超级杯盛典”“深爱祖国 声动鹏城：深圳市全民朗读大赛暨深圳市民好声音嘉年华”“第二届全国党建创新交流活动”以及承办中央广播电视总台粤港澳大湾区中心揭牌和大湾区之声新媒体平台启动仪式等，都是既扩大品牌影响又有经济收入的“叫好又叫座”的活动。其中“市民好声音嘉年华”就吸引 1.3 万市民踊跃参加。全年该报举办大中型活动 100 多场，“活动营收”达 3 267 万元，较上年猛增 74.8 %。

2020 年虽然线下活动受到疫情影响，但该报在音频、影视、直

① 蓝鲸财经记者：《2018 传媒经营案例：南都智库创收 5 000 万，新京报版权收入覆盖采编成本》，www.new.qq.com.，2019 年 1 月 15 日。

播、设计等方面发力，在“分业垂直”上下功夫，取得了超越 2019 年的成就。其中仅电影（视频）方面就获得 2 000 多万元收入。《深圳晚报》的设计，也从过去的版面设计走出来，进入大平面设计，进而延展到空间设计、文创设计、城市设计等，去年收入约 3 000 万元。“深晚演艺”是专做线下活动的，去年虽受疫情影响，也收入 2 000 多万元，周智琛认为今年这方面的收入有可能翻番。此外还做音乐片、音乐演唱会等，也是全套由晚报队伍完成。2020 年，上述多种经营综合收入达到 9 000 万元，全年总营业收入近 1.5 亿元，同比增长 7.96%，创 15 年来新高，账面利润增长 32.98%。2021 年 1 月，该报经营势头不减，保持两位数增长。

访谈中得知，《深圳晚报》的各类活动，大都有一个“甲方”，也就是说有个出钱的主顾，这也是晚报举办此类活动的主要动力来源。但出资方要求很高，拼的是创意，绝不是过去仅仅依靠广告或新自媒体流量能够满足的，因此此类活动又倒逼报纸变革提升，在市场中占得先机。周智琛说：“过去报纸主要靠卖版面、卖流量赚钱，现在人们早已不满足这些，要的是传播上的解决方案。《深圳晚报》的核心逻辑是以‘机构党媒’为核心，以‘品牌咨询’为原点，以‘创意团队’为工具，以‘超级协同’为体系，以‘全息媒体’为流量出口，关注民生，聚焦头部，建成咨询、设计、视频、音频、演艺、会展、音乐、公益、社教以及新媒体运营等创意传媒生态和工业产品体系。”周智琛认为，《深圳晚报》是一种创意型传媒，是新媒体、新服务、新趋势，集合了流量媒体、空间媒体、创新媒体等势能，拥有清晰可见的商业模式和盈利模式。

访谈中还获悉，该报刚刚完成第一个长片《工夫》，讲述深圳

“小人物”在深圳创新创业的不平凡故事。同时完成的还有原创音乐短片《写给理想的歌》。周智琛表示，深圳晚报社已经聚集一个优秀的影视团队，有可能成为中国最会拍电影的报社。晚报的目标，是打造国内广具影响力的创意型传媒，未来或可以一种创意传媒集团的主体呈现，整合更多资源、创新机制体制、全面激活动能，在更符合市场认知的统一品牌下，以更低的成本获取客户的信任。这将会比纸媒的面相具有更大的竞争力，并通过创造各种大项目、大品牌、大平台，构成独特和强大的传媒力量和品牌风范。[①]

图 6.8 《深圳晚报》十大创意平台

来源：周智琛提供

① 摘自 2021 年 2 月 4 日下午与《深圳晚报》总经理周智琛访谈记录，地点为深圳报业集团新媒体大厦深圳晚报楼层。周智琛现任财新传媒副总裁。

第四节　本章小结：中国数字广告落后而多种经营领先

虽然已是数字时代，但注意力经济的本质没变，用注意力变现的逻辑也没变。变的是数字平台超越了物理空间的限制，所有内容生产都在更广大的空间比拼，受到海量受众的挑选。这对传统媒体是严峻的挑战。报纸本是地方产品，电视除了少量卫视频道，大多数也主要为本地观众服务。这样的受众规模所形成的注意力，在前数字时代足以支撑传统媒体的生存与发展。但到了数字平台，这个注意力量级几乎收割不到什么现金流。因此，转型的首要目标，是将受众规模做大，由过去的几十万（报纸发行量）增加到几百万乃至几千万甚至上亿。

这一规律自然有利于面向全国市场乃至全球市场的大型主流媒体。《纽约时报》《华盛顿邮报》、BBC、CNN、《人民日报》、央视新闻（客户端）以及主打全国市场的澎湃新闻等，都是这一规律的受益者。相比之下，区域媒体和地方媒体则处于劣势。美国一些著名媒体专家因此不看好地方报纸的转型前景，认为“无人能猜测出它们如何才能在数字时代生存下去”（威尔金森，2016）。[①] 但区域或地方媒体因致力于服务地方而较容易获得受众的忠诚度，进而通过

---

① 辜晓进：《重走美国大报 / 美国报业转型：颠覆与重生》，南方日报出版社，2018年，第184页。

精准和优质的内容生产提高数字平台的用户黏性，这种垂直深耕有利于增强用户黏性，进而获得广告。

中国的 BAT 和美国的科技双寡头（Google，Facebook），其内容平台的主要收入都是广告。传统媒体转型为数字媒体后，广告也仍是其最重要的收入来源之一。考虑到纸质报纸广告的衰退呈现不可逆转之势，如何在数字平台拓展广告收入，就显得尤为重要。从中美比较的角度看，两国报业在拓展数字广告方面存在较大差异。差异主要体现在以下三个方面：

一是数字广告占广告总收入的比重。这方面美国已至少连续 10 年保持增长，2018 年的占比高达 35%，2020 年的占比更高达 39%。而中国虽无面上统计数据，但无论从上市公司年报还是微观报业数据看，其数字广告收入占广告总收入的比重都很小。若以某一线城市大报数据推测全国（包括大量转型较为落后的报纸）情况，平均占比应不会大于 3%（人民网因为已成为平台级的在线媒体，加上没有涵盖人民日报报业集团旗下纸媒广告收入的数据，因此不具备可比性）。

二是拓展数字广告的方法。这方面，美国报业也占明显优势。在直接数字广告方面，其在开发广告产品、强化技术赋权和增强内容吸引力等方面都卓有成效，超越中国报纸。在间接数字广告方面，美国通过创办或收购数字广告公司共同在数字平台拓展广告的做法，在国内尚无见到相关案例。总体上看，中国报业在开拓数字广告上还缺少有效办法。

三是行业统计。美国报业数字广告的发布与统计已经常规化从而形成了连续而可供比较的基础数据。微观而言，美国报业上市公司大都将数字广告与纸媒广告分别统计。但中国虽然横向有中国广告协会，纵向有国家技术监督管理总局等机构，但迄今从未发布过报业数字广告统计数据。报业类上市公司在收益分类上，迄今也没有将两者分别报告的规范。这些基础数据的缺失，既不利于学术和行业研究，也不利于媒体间互相交流学习。这是亟待解决的问题。

这些差距既是中国报业数字广告的短板，也可视为未来发展的潜力。在数字平台，技术环境和受众行为都是相似的，中美这方面差异并不大，因而是有追赶空间的。

而在拓展主营以外收入方面，中美报业各有所长，中国总体更占优势。美国多以组织“活动”寻求第三种收入，并继续紧扣受众服务，目的还是扩大报纸影响，获得更多受众，在增加其他收入的同时提振主营收入。中国报业利用与政府和国有企事业单位的天然紧密关系，以数字端的服务换取收入，在微信公众号等代运营以及承接甲方任务开展的各类创意活动，则体现了多种经营的中国特色，这是美国报业不如中国之处。

第七章

内容付费战略：中美两重天

内容付费是指读者为内容付费，也即在读者和其感兴趣的媒介之间建立了一道墙，只有付费订阅才能进入墙内阅读。Paywall（付费墙）作为一个英语新词，即由此而来。付费墙既是新闻业对原创内容的保护措施，更是在广告收入每况愈下的形势下新闻业扩大发行收入、在数字平台实现内容变现的战略举措。这一举措也在客观上鼓舞了新闻机构生产优质内容的热情，因为在互联网与生俱来的免费传统和信息过剩的数字环境下，不是所有内容都可以卖钱的。

从全球报业情况看，体现为数字平台有价订阅的付费墙战略，正在被越来越多的报纸所采纳。较为集中的国家和地区有：北欧、西欧、美国、日本、中国香港等。据世界报业协会 2019 年 10 月的统计数据，2018 年全球的付费读者（包括纸媒发行和在线订阅）同比增长了 0.5%，达到每天 6.4 亿人，且保持继续增长的态势。报业总收入的 54% 来自发行收入，按年增长 1%。其中，数字订阅收入同比增长 11%，印刷版发行收入减少 3%。①

① WAN & IFRA REPORT. *World Press Trends 2019*. p.6.

图 7.1　2019 年全球报业收入分类图（预测数）

来源：World Press Trends 2019

上图左侧数据是印刷版收入：发行收入 610 亿美元（–3%）、广告收入 440 亿美元（–7%）、每日付费读者人数 5.99 亿人（–0.5%）。右侧数据是数字端收入：订阅收入 52 亿美元（+11%）、广告收入 129 亿美元（+5%）、每日付费读者人数 4 130 万人（+15%）。中间为每天付费读者总数（+05%）和全年收入总额（–3%）。

上图关于全球报业收入的态势一目了然，其中数字订阅收入呈两位数增长，抵消了印刷版发行收入的减少。但具体到特定国家，例如中国，情况还是很不一样。

第一节　美国付费墙的兴起与普及

在美国，自《华尔街日报》1996 年建立全国第一个主流报纸付费墙后，关于付费墙的利弊争论就从未间断过。事实上，在《华尔街日报》之后长达 10 多年的时间里，也极少有报纸效仿跟进。人们一方面对自己的内容被免费消费和分享而忿忿不平，另一方面在免费分享的互联网阅读大环境里，又不敢冒失去读者的风险。真正开始大面积的报业实践，始于 2011 年，并以《纽约时报》的成功为标志。

一、《纽约时报》的成功探索

《纽约时报》作为有着“档案纪录报”别称的权威大报，对自身内容的价值有较早的觉醒。从 20 世纪 90 年代末开始，该报就针对受众通过该报查询历史事实的需求，开始了内容付费的尝试，但那只是针对两周之前的历史内容（archives）。该报一方面将创刊以来的往期内容制成光盘，以每套上万美元的价格卖给各类图书馆和信息机构；另一方面对网上两周前内容的查询收费。笔者 2001 年在美国访学时，就经常通过搜索查到来自《纽约时报》的文章，一旦遇到是两周前发表的内容，就被要求付费。付费标准是不论长短，哪怕只是一篇短消息，每篇都是 4.95 美元（那时美元对人民币的汇率约 1∶8）。

2005 年 9 月，该报进行了第一次付费墙尝试，推出付费的“时报精选”（TimeSelect），将该报的专栏文章、往期档案文章等优质独家内容装载入内，并设立付费墙。订阅“时报精选”的费用为每月 7.95 美元或每年 49.95 美元。负责该报付费墙项目的前高级副总裁雅思敏·纳米尼（Yasmin Namini）2016 年 4 月接受笔者访谈时说：对很多人来说，这是一项物有所值的服务，仅一直可以追溯到 1851 年《时报》创刊时的全部往期文章和图片这一项，就值得每年付账 50 美元。于是，在两年时间里，《时报精选》获得了约 22 万多订户，每年新增收入 1 100 万美元。但内部的争论也随之而起：这部分精华内容被置于付费墙内，影响了该报网站的流量，有人估计损失的读者多达数百万，而那时数字广告正在兴起，这样做合算吗？而且“当时那个付费墙的模式也和现在不可同日而语，那个付费墙有点儿粗暴”。经过一番连老板小苏兹伯格也参与的讨论后，该报公开宣布取消《时报精选》，恢复免费服务，惟往期文章仍按每篇 4.95 美元继续收取费用。[①]

尽管如此，守着一大堆自认为优质而有刚性需求的内容，《纽约时报》并未放弃内容变现的想法。就像纳米尼说的那样，他们进行了长时间的调查研究，包括与硅谷的科技公司进行技术研发和借鉴英国《金融时报》做法，最终决定采用一种更加灵活、能兼顾更多阅读需求而不至于消耗太多流量的“计量式”+“多孔式”（porous）付费墙，即不是一刀切的硬付费墙，而留下了多个免费通道。从 2011 年 3 月 28 日正式实施的这个付费墙，允许读者每月免费阅读 20 篇文章，超过之后就要按每月 15 美元的价格付费。但从 Facebook、Twitter 等社交媒体或 Google 搜索点击进入的阅读仍维持免费。纸媒订户也可以享受数字平台的免费进入。这就是所谓“多孔”渗透，以最大限度减少付费墙对流量和独立访客数量的冲击。[②] 此后，该报的数字付费读者逐年猛增，“墙”在大量忠诚客户和刚性阅读需求的推动下也越来越高——免费阅读量由 2011 年的 20 篇，减至目前的 5 篇。

至 2020 年第三季度，该报的总发行量已接近 700 万，其中数

① 辜晓进：《重走美国大报 / 美国报业转型：颠覆与重生》，南方日报出版社，2018 年，第 330–332 页。

② 同上书，第 332–333 页。

字付费订户超过 600 万（Lee，2020）。[①] 而根据该报 2020 年 3 月公布的年报，2019 年全年数字发行收入为 4.60 亿美元（当年数字订户为 430 万），其中新闻数字产品同比增 12.6%，非新闻数字产品同比增 55.1%。再加上全年纸质版发行收入 6.23 亿美元，发行总收入为 10.8 亿美元，大大超过 5.3 亿美元的广告收入。该报因此已经成功建立了以发行和订阅收入为主、广告收入为辅的新商业模式。

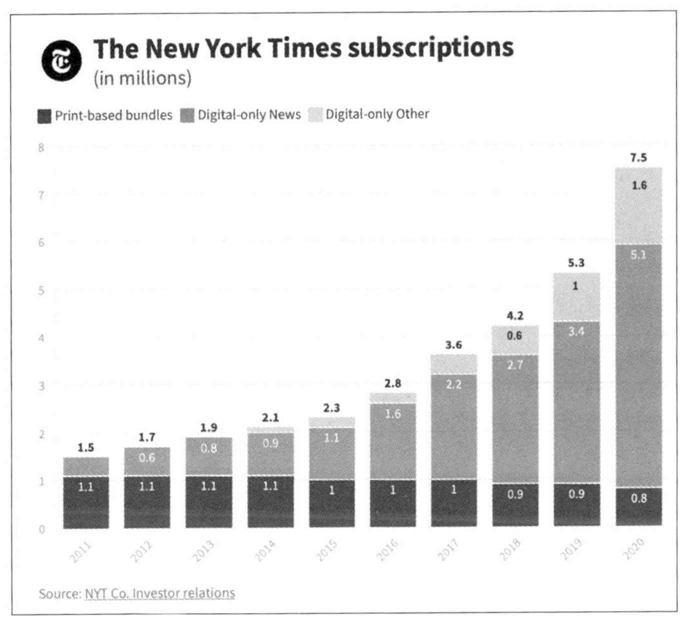

图 7.2 《纽约时报》数字订户增长迅速（2011—2019）

上图中深灰色和浅灰色分别为数字端新闻订户和数字端非新闻订户，黑色为纸质发行量。

来源：转引自 www.thefix.media 2021 年 2 月 15 日

① Edmund Lee, “The New York Times’ Hits 7 Million subscribers as Digital Revenue Rises”, www. niemanlab.org, November 5, 2020.

二、付费墙在美国报业迅速普及

受《纽约时报》成功的鼓舞，美国大多数日报都纷纷建立了付费墙，而且大都采用了《纽约时报》式的“计量式付费墙”（metered paywall）。2016年2月，美国报业协会旗下的美国报业研究院（American Press Institute）对美国全国发行量在5万份以上的日报进行调查后发现，2010年时只有包括《华尔街日报》在内的6种日报采用了付费墙。但到了2015年，在全部98种此类日报中，已有77种建立了付费墙（williams，2016）。[①]

以下是该项调研中2010年和2015年的付费墙采用情况对比。深灰色为建有付费墙的报纸，浅灰色为未建者。

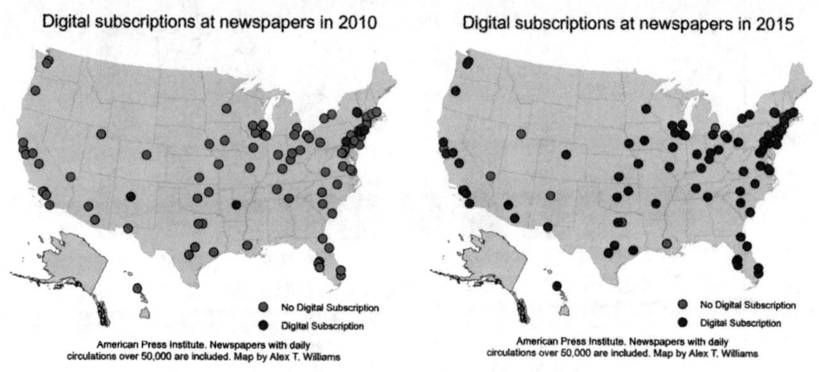

图7.3 美国报纸（发行量5万份以上）付费墙数量比较

来源：American Press Institute

① Alex T. Williams, “How digital subscriptions took over the newspaper industry”, www.americanpressinstitute.org, February 29, 2016.

另据 2019 年完成的一项关于新闻业付费墙建设情况的跨国研究，2019 年美国 48% 的新闻机构（含报纸、期刊、广播、电视、数字媒体）建有付费墙，较 2017 年增长 10%。其中，报纸是付费墙建设的主力军，2019 年全国 79% 的报纸建有付费墙，较 2017 年增长 16%。该调查还发现，计量式付费墙在美国占据压倒性多数。而在报刊媒体的每月付费墙价格方面，美国的价格与欧洲相比为中等偏上，2019 年平均每月 11.93 英镑（Simon & Graves，2019）。①

笔者为更好地观察美国主流报纸的付费墙运行情况，已持续多年自费订阅在线版《纽约时报》，后又加入《华盛顿邮报》以及阶段性订阅《达拉斯新闻晨报》。三报的价格都有差异：《纽约时报》多年来一直保持每月 15 美元订费；《华盛顿邮报》近年稳定在每月 9.99 美元、每年 100 美元订费；《达拉斯新闻晨报》为每周 3.99 美元。

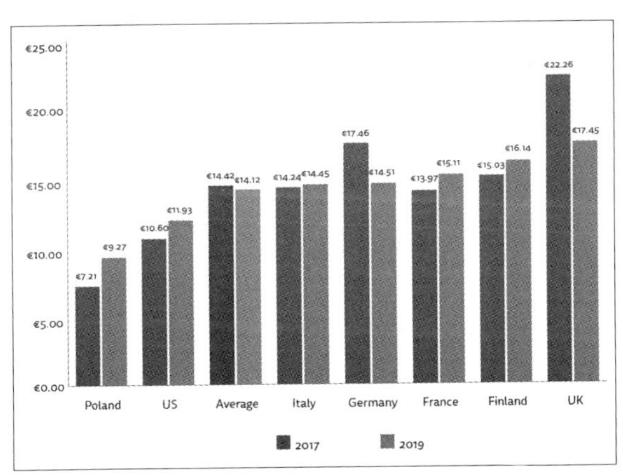

图 7.4　欧美部分国家报刊付费墙每月平均收费价格（单位：欧元）

来源：Reuters Institute.

① Felix M. Simon and Lucas Graves, "Pay Models for Online News in the US and Europe: 2019 Update," www.reutersinstitute.politics.ox.ac.uk May 23, 2019.

2012 年，默多克的新闻集团投重金创办了 iPad 版的付费电子日报 The Daily，成为全球由报业集团创办的第一个有付费墙的纯数字报纸，并于第二年获得 10 万付费用户。但由于这部分收入难以支付庞大的运营开支成本，再加上其他一些运营弊端，在累计亏损约 3 000 万美元后宣布停刊，引发外界热议。①

就其他个案而言，笔者 2016 年调研的 10 多家报业机构中，只有 3 家未建付费墙，其中一家是建了又拆除的（容后详述）。最值得关注的是几家著名报业集团，它们最具代表性。首先是甘尼特出版集团，其 2016 年时旗下拥有 109 种日报，其中除了旗舰报纸《今日美国》，其余几乎全部建立了付费墙。其次是位于加利福尼亚州的麦克拉奇公司，在全国 30 个城市拥有日报。2016 年笔者访问该集团时，他们的大多数日报都已经建有付费墙，并计划在一年内 100% 覆盖旗下所有报纸。位于德克萨斯州的《达拉斯新闻晨报》则被美国业界视为在付费墙上屡败屡战的典型。

据比罗集团董事长兼《达拉斯新闻晨报》发行人吉米·莫洛尼介绍，该报从 2009 年开始大幅提高报纸价格，并连续三年保持上涨，使得该报“一下子成为美国最贵的报纸之一”。同时他们就想到要对网上内容收费，否则对纸媒读者不公平。于是该报于 2011 年 2 月建立了付费墙（比《纽约时报》还早一个月），但是《华尔街日报》那种硬付费墙。但这样一来，网络流量大受影响，于是 2013 年取消了付费墙。后来看到报纸的移动端很受欢迎，便“通过增加视

① 辜晓进：《The Daily 的失败并非方向之错》，《新闻实践》，2013 年第 2 期，第 71–73 页。

频内容和叠加其他服务，尝试在移动端建立付费墙，但运营了9个月也没成功，于是在2014年取消了”。笔者到访的2016年4月，该报吸取以往经验教训，正在紧锣密鼓地筹备第三次建立付费墙，而“新的付费墙，即计量式付费墙”。他说：“我认为付费墙本身没什么错，我们过去之所以不成功，是我们自己做得不好。纸媒的消失是迟早的事，而数字广告又受到各种广告过滤技术的影响，内容变现必须成为收入来源之一。我对我们的新付费墙抱有信心。”① 该报的计量式付费墙于2016年4月下旬正式推出。

三、付费墙在美国仍存争议

在数字化转型方面，包括美国在内的西方报业目前主要有三种模式：一是“数字收费，回归内容价值”；二是“免费开放，做大信息平台”；三是“数字优先，变身网络公司”（辜晓进，2015）。② 付费墙作为内容变现方式，只是其中一种。尽管这种方式受到越来越多报纸的青睐，但在美国仍有一批报纸坚持走免费路线。

较为突出的是《今日美国》。该报作为美国纸质版发行量最大的报纸，目前不仅是美国四大全国报纸中唯一坚持数字版不收费的报纸（其余全国性报纸分别为《华尔街日报》《纽约时报》《华盛顿邮报》），还是其母公司甘尼特集团旗下报纸中唯一不收费的日报。但

① 辜晓进：《重走美国大报 / 美国报业转型：颠覆与重生》，南方日报出版社，2018年，第262–263页。

② 辜晓进：《西方报业数字化转型的三种路径》，《新闻与写作》，2015年第11期，第22–26页。

关于是否建立付费墙，该报也一直犹豫不决。曾经一度传说该报已有建“墙”计划，但后来又遭高层否认。2012 年，担任该报总裁兼发行人不久的拉里·克莱默（Larry Kramer）就向外界表示，暂不会采纳网络收费策略。他说：“我眼下并不想向网上读者收费。我并不认为收费是正确的选择。提供全国新闻的媒体很多，我们还没有独特到可以收费的地步。如果我们这样做，可能得到的比失去的多。我觉得最重要的工作是改变编辑部的员工结构和文化，以便确保数字平台的优先地位，然后才是印刷报纸。”（Adams，2012）[①] 一年后的 2013 年 9 月，他又表示正在研究付费墙策略，甚至透露价格可能是纸媒的 1/3。当年，该报的发行收入下降了 12%，而另外两家全国大报《华尔街日报》和《纽约时报》却因实施付费墙而发行收入保持正增长。但此后该报便再未提及建墙事宜。

该报总编辑戴维·卡拉韦（David Callaway）在接受笔者采访时说：“我们一直在议论这一政策，但到今天也没有一个确切的计划。……按我个人的看法，主要是我们现在数字受众的结构让我们难以下决心这样做。您知道的，我们建立了以《今日美国》为核心、全国众多报纸参与的网络集团。我们通过这个网络抵达非常广泛的人群，这是我们的优势。我们向各地合作报纸提供的内容基本是免费的，实施付费墙会打破这一格局。我们从这因免费而扩大的受众中获得了广告收益。我们不想让数字收费与广告打架，进而破坏现在形成的有利局面。”[②] 他提到的“网络集团”，是指该报与母公司甘

---

① Meranda Adams, “USA Today Publisher: Paper Not ‘Unique Enough’ For Paywall”, www.adweek.com, November 28, 2012.

② 辜晓进：《重走美国大报 / 美国报业转型：颠覆与重生》，南方日报出版社，2018 年，第 47 页。

尼特旗下所有日报组成的可以相互分享内容、有多个入口、共用同一个软件平台的报纸网络，这在美国报界是一个创新，因为此前只有电视组成类似的网络，如美国三大广播公司。

不过，在本书审校过程中传来最新消息：《今日美国》官宣正式加入付费墙俱乐部。该报现任发行人玛里贝尔·佩雷兹（Maribel Perez）和总编辑尼科尔·卡罗尔（Nicole Carroll）在公开发布的一份声明中说："虽然大多数《今日美国》的内容仍然实行免费，但我们每天都会精选一部分内容放入'仅订阅者可看'（subscriber only）。这些内容是指独家调查报道、高端复杂的视觉作品、沉浸式新闻叙事（immersive storytelling）等。这是一次巨大的变化。我们的数字新闻此前总是免费的。但《今日美国》本身是勇气的产物，而你们的订阅是对优质新闻业的投资。这些内容值得你们付费获取，而新闻业有助于强化我们的社区和我们的国家。"① 据悉，《今日美国》对这部分独家优质内容的收费标准为每月 4.99 美元，相当于行业的平均收费标准 10 美元的一半。

另一个典型个案是《丹佛邮报》。该报作为科罗拉多州最大的报纸，在融合转型方面也积累了很多成功的经验，而且有付费墙建了又拆的经历，因而成为笔者的重点调研样本。据该报总编辑李·安·科拉齐奥普（Lee Ann Colacioppo）介绍，该报于 2014 年初随同母公司数字优先媒体集团（Digital First Media Group）旗下大多数报纸一起实施了付费墙战略。但建"墙"之后，从读者订阅获

① Joshua Benton. *USA Today is getting a paywall. Who's the audience for it?* www.niemanlab.org, July 7, 2021.

得的收入未能达到预期，而流量却受到较大影响。2015 年，当地的影院枪击恐怖袭击案凶犯詹姆斯·霍尔姆斯（James Holmes）开庭受审（该案发生于 2012 年，震惊全国，该报相关报道获得了普利策突发新闻报道奖）。该报觉得应抓住这一万众瞩目的机会扩大影响，便决定取消付费墙。在持续 4 个月的开庭审理过程中，该报获得大量受众。

科拉齐奥普说："我们取消付费墙后，流量马上回升，上升幅度非常大。当审理结束、法庭宣判后，我们的流量仍然在上升。我们正是用这数据向母公司领导证明，付费墙拆掉的好处有多大，这也成为我们不再恢复的最好理由。我们的做法也对集团内其他报纸产生了影响，有些报纸也打算放弃付费墙。……不过各报情况不一样，付费墙不太适合《丹佛邮报》。我们有大量来自全国的流量，受众来自全国各地。仅以体育为例，他们就为滑雪而来（丹佛有多个驰名世界的滑雪胜地），为'野马'而来（'野马'是总部在丹佛的美国著名职业橄榄球队，获得过三次'超级碗'冠军）。如果我们设立付费墙，受众就会到其他媒体那儿找这些新闻，等于我们自己将全国受众屏蔽掉。"不过，该报也没有正式宣布取消付费墙。她说："技术上说，这个'墙'还在，但你要点击上千条新闻才会触碰到它，所以已名存实亡。"①

对此，美国一些媒体专家也有各自的解读。哥伦比亚大学新闻学院道尔数字新闻研究中心（Two Center for Digital Journalism）研究主任克莱尔·沃尔德（Claire Wardle）教授接受笔者采访时认为，

① 辜晓进：《重走美国大报 / 美国报业转型：颠覆与重生》，南方日报出版社，2018 年，第 423-424 页。

报纸将来幸存的前提是，或者靠受众规模取胜，或者靠付费模式发展，二者必取其一。她说：“关键在于，人们只愿为真正优质的新闻付费。从这个意义上说，《纽约时报》的付费模式会继续获得成功，因为他们有卓越的新闻，有优美的设计，有非常好用的在线导航。这些品质都是报纸不应忽视的。而我看到一些地方报纸，他们的网络体验很差，广告呈现是丑陋的，新闻叙事也不好，内容下载缓慢。因此他们在数字转型上难以成功。”①

国际新闻媒体协会（INMA）的 CEO 兼执行主任厄尔·威尔金森（Earl Wilkinson）则认为：“付费墙并不会自然导向成功。我一直在说四个木桶的概念：全球报纸、全国性报纸、报业集团、地方报纸。付费墙对处于第一木桶的全球化的报纸是很好的模式。这些报纸品牌有刚性需求，有财务实力。《金融时报》和《华尔街日报》都非常适应付费模式。他们可以向财经读者收费。《纽约时报》取得了很大的成功，他们的付费内容获得了 120 万受众（2016 年），这是很了不起的。还有《华盛顿邮报》，他们在同一条高水平线上。全国性媒体必须清楚，他们在国内面临很多竞争者，他们只有比竞争者做得更好，才有可能实施付费战略。相对于全球化媒体，区域媒体集团就艰巨得多，他们的价值有时很难体现。”②

这两位专家都认为大规模的优质报纸较为适合付费墙模式，但对地方报纸都有点儿悲观，因为他们的受众规模小，在线订阅收入

---

① 辜晓进：《重走美国大报 / 美国报业转型：颠覆与重生》，南方日报出版社，2018 年，第 380–381 页。

② 辜晓进：《重走美国大报 / 美国报业转型：颠覆与重生》，南方日报出版社，2018 年，第 200–201 页。

不足以支撑其运营。但从报业的具体实践看，小型日报实施付费墙的比重还是相当大的，因为本地内容也具有一定独家性和刚性需求。

第二节 付费模式在中国的曲折实践

与美国同行相比，中国报业在付费模式上的探索并不算晚。早在 2004 年，《经济观察报》就在网站发布报纸的 PDF 版，并尝试以每年 50 元的价格向订阅者收费。2006 年，在《浙江日报》作为中国第一份数字报纸诞生的同一年，温州日报报业集团（以下简称“温报集团”）就与北大方正共同开发了数字报纸收费系统，建立了统一的数字报纸编辑、发行、财务和管理平台。随后，各地及中央都陆续有报纸加入付费模式的实践活动。

一、温州报业的早期试水

2007 年 4 月 8 日，温报集团旗下《温州日报》《温州晚报》《温州都市报》和《温州商报》四份报纸正式推出数字内容收费服务，属国内首次综合类报纸的付费墙实践。当时每份数字报的订阅价格是每年 160 元，任意两份可优惠至 260 元，三份为 320 元，四份都订阅则为 380 元。“这在当时业界引起轰动，此举也被誉为‘温州模式’。”（李南，2013）[①]

① 李南：《我国数字报纸收费模式探寻》，《传媒》，2013 年第 3 期，第 36 页。

温州报业率先做如此探索性改革，是有其社会需求和经济基础的。改革开放后，温州成为浙江乃至整个华东市场经济最兴旺的地区之一。当地人走出温州，足踏全国，眼观海外，把生意做到了全世界，以至于温州人在外地乃至国外经商的人口占本市人口的比例在全国名列前茅。现在人们把温州也说成“侨乡”，但和广东、福建一些侨乡主要由19世纪和20世纪初的移民构成情况不同，“温州华侨的主体是改革开放后移民的新侨，占侨胞总数的85%以上”。根据当地侨办截至2013年12月1日零时的统计，温州籍海外华侨的人数多达68.89万人，八成在欧美国家。“在海外的浙江华侨中，每三人有一个温州人”（唯敏，2015）。[①] 此外，温州人在全国各地的经商人数更多，“有约200万人遍布全国各地经商创业，在全国211个地级以上城市成立了温州商会”（葛熔金，2015）。[②]（这也可以解释，为何在2020年新冠疫情期间，温州成为浙江省的重灾区——当地有大量人口在湖北和欧洲第一个重灾区意大利经商。）

笔者20世纪90年代中期曾去过温州，当时留下四大深刻印象：一是市内长途汽车上标的目的地出奇的远，如呼和浩特、乌鲁木齐等，这种令人难以想象的超长距离长途班车的开通，证明有稳定的温州人经常性地往返于这些城市；二是街上出租车司机基本都是女司机，表明男人都外出干活（经商）了；三是专业化生产规模壮观，如一个村家家户户生产同一个商品或部件（如摩托车头盔）；四是小商品市场随处可见。温州人骨子里的商品意识和创业精神，一直

---

① 唯敏：《温州侨情详细数据新鲜出炉》，《温州日报》，2015年1月8日。

② 葛熔金：《温州人，你为什么不仇富？》，澎湃新闻，2015年5月12日。

延续到现在。

如此大量的温州人离乡背井远足世界各地，但亲人眷属还在故乡，外出的温州人仍关注家乡信息。2007年温报集团推出数字报后，数字平台便成为远足者们获取家乡信息的最便利平台，家乡信息因此具有刚性需求的潜质。由此可见，“温州模式”的推出是水到渠成和顺理成章的。当时温报集团通过各地的温州商会以及建立合作伙伴关系的意大利等国的当地报纸，进行代理销售，进而发展到售卡和网银等形式，以解决支付问题。仅2010年，该报在欧洲的数字报有价发行量就达2.6万份，创汇59.1万美元。但“由于集团内部没有形成市场机制以及利用商会、海外合作伙伴推广数字报的非商业化销售模式，该数字报于2012年7月暂停了付费墙，改为完全免费阅读”[①]。

笔者根据所掌握的资料分析，温报集团的付费墙实践运行5年后宣布取消，主要有三方面原因：

第一是技术原因。温报集团2007年采用的付费墙，与当时全球各地的报纸一样，都是一种“硬付费墙”，即付钱订阅才能进来，不付钱一字也看不到。当读者对你的品牌和内容尚缺乏认知或还未建立起信心的时候，这种“粗暴”收费的做法会将一大批新读者拒之门外。因此，由《华尔街日报》开创的硬付费墙在全球都难以行通，《纽约时报》最初也以失败告终，从2011年后，各地报纸代之以计量式（由《金融时报》创立的科学方式）、多孔式（为搜索引擎、社交媒体等打开一些缺口以扩大流量）、小额支付式（单篇计费）、摘

① 李南：《我国数字报纸收费模式探寻》，《传媒》，2013年第3期，第36–37页。

要式（透露少量内容供读者判断是否付费）等灵活多样的付费墙方式。就连《华尔街日报》自身也放弃了硬付费墙，转而采用摘要式（或称预览式），即当搜索到来自该报的文章时，可以看到标题和前面 100 多字的内容，想看全文就需付费订阅。而计量式付费墙等方式对技术要求较高。当年《纽约时报》是与硅谷的高科技公司合作研发出适应性软件，才决定第二次推出付费墙的。前文提到的《达拉斯新闻晨报》也是在第三次尝试时决定采用计量式的。而北大方正当初为温报集团的设计，显然也不能满足灵活付费墙的技术要求。

第二是支付原因。从上文引用的支付方式即可看出，温报集团一直未能建成一个统一而便捷的支付平台，也未能纳入当时已经存在的淘宝网支付宝及 eBay、亚马逊等国际支付体系。据当时的温报集团副社长郭乐天介绍，该集团当年专门组织了一批专业营销队伍到北京、上海、天津等地进行演示和推广。然后在国内 10 多个大城市以及意大利、法国等欧洲国家设立了代理分销点，主要依托各地的温州商会帮助推广。数字报采用点卡的方式销售，分为国际卡、国内卡、本地卡。国际卡和国内卡用户在任何一个地方打开网络都能看到数字报纸，本地卡则局限于温州本地使用。而且“这种点卡销售方式价格不一样，能使市场分析更精确一些”。在意大利、法国等欧洲国家，数字报纸的收费也采用与《欧华时报》捆绑的方式进行。最高的时候，数字报纸的发行量超过 5 万份。[①] 由此可见，虽然发行的是在线数字产品，但销售和推广行为很多还是线下方式，而

① 本刊记者：《温州数字报纸的“收费墙”尝试》，《中国记者》，2012 年第 6 期，第 67 页。

且竟然还不同价。这种方式的营销成本显然会很高，效率也低下，不是一种可持续的销售方式。

第三是市场环境。首先是内部市场机制。据郭乐天介绍，当时温报集团的数字报收费是放在一个独立的公司进行的，与《温州日报》等4种报纸同属一个层级。后来集团内各报实施“一报一网”战略，各报直接将自己的报纸在网上免费提供阅读，直接瓦解了集团的数字报纸收费体系。而且，“当时利用商会、《欧华时报》力推数字报纸的模式也不是一种市场化的方式，并不能够成为常态”[①]。从外部市场看，随着数字报的普及和社交媒体的崛起，国内新闻信息的免费获取成为大趋势，也大大压缩了温报集团的在线收费空间。

二、国内其他报纸的探索与后撤

国内紧随温报集团之后动手较早的有重庆日报报业集团（以下简称“重报集团”）。该集团旗下的《重庆日报》于2007年5月推出数字报，成为国内最早进入数字报阵营的省级党报之一。从2008年起，该报将数字报纳入发行体系，变免费阅读为收费发行，每份数字报纸每年收费200元，并依据国际惯例，将这部分发行量纳入报纸的总体有效发行量。这项工作由集团的发行公司负责。该公司通过重点拓展高校、党政部门、高档写字楼及偏远县区等目标群体，鼓励各地用财政费用支付数字报的订阅经费，“采取纸质报转数字报

① 本刊记者：《温州数字报纸的“收费墙”尝试》，《中国记者》，2012年第6期，第67页。

和私订公助、财政补贴、党费补贴、企业赞助、文化扶贫等多种灵活有效的措施，收费数字报发行初战告捷”。2009年，该报付费数字报的发行量在上年基础上同比增长64%，“步入了良性发展的轨道”。（吴锋，2009）① 然而就在吴锋这篇文章发表后的第二年，《重庆日报》的数字报收费实践便悄然停止。从已知的数据看，该报2008年的数字报发行量为2万份。若按每份200元/年的价格计算，每年的数字报发行收入为400万元，这个数据显然不能够形成新的盈利模式。

中国报业的付费墙探索，呈现的是一种由地方到中央的态势。就在《重庆日报》开始收手的时候，《安徽日报》启动了电子报收费的实践。2009年12月23日，该报公布了从2010年元旦开始对电子报收费的计划，金额是每份5元/月。与此同时，《人民日报》也宣布从2010年元月1日起施行数字报收费。收费模式有三种：每月24元，半年128元，全年198元。这种定价策略属于明显的鼓励长期订阅的模式。该报的支付方式也较为灵活，读者可以在线支付（支付宝）、银行转账和邮局汇款三种方式选择。《人民日报》的收费措施来得较为突然。关于此举的动机，人民网资讯部主任许丹丹说：“在可以预计的未来，当网民逐步习惯通过电脑、手机、手持阅读器等终端方式阅读时，数字报发行必将成为报刊发行的重要的经济增长点。”但她也表示，预计短期内不会带来太大收益，但将促进报纸发行，并为防止盗版侵权提供技术保障。（李晓莉，2010）② 可见，保护纸质版发行和网络版权，至少是《人民日报》建立付费墙

① 吴锋：《报刊发行创新的“重庆模式”》，《今传媒》，2009年第6期，第34页。

② 李晓莉：《人民日报电子版开始收费 网民担忧免费时代终结》，《羊城晚报》，2010年1月2日。

的初衷之一。但无论如何，该报作为中共中央机关报和首屈一指的全国性权威报纸，此举的影响非同小可，结果是导致更多的报纸参与进来。就综合性日报而言，先后有《华商报》(2010)、《靖江日报》(2011)、《苏州日报》(2011)、《潇湘晨报》(2013)、《南方都市报》(2015)、《新民晚报》(2017) 等一批报纸建立了各具特色的付费墙。

然而遗憾的是，上述报纸无一例外地又取消了付费墙，其中《新民晚报》的付费墙只存续了半年，其他最多也只有两年。而且除《人民日报》外，上述报纸的付费墙都是悄然取消的，大都未发公告，读者意外地发现突然可以免费进入了，与建“墙”初期的大张旗鼓形成较大反差。而《人民日报》付费墙的最终取消，也经历过一个犹豫过程。

图 7.5 《人民日报》数字报收费价目表

来源：人民网 2009 年 1 月 1 日截图

就在 2010 年 1 月 1 日开始收费后仅 2 个多月，《人民日报》就公开发布启事：“对今年 1 月 1 日推出的《人民日报》数字报收费阅读服务做出调整：从 3 月 5 日起，阅读当天电子版将免费。并就此次调整带来的不便向读者道歉。”启事同时还决定，“从 3 月 5 日起，《人民日报》数字报前四版内容长期免费，五版及五版以后版面内容当天免费。”对此突然调整，许丹丹表示，主要考虑到读者的阅读习惯。（张静，2010）[①] 而笔者认为，《人民日报》作为党的重要喉舌，前四版传递的是关于党和国家重大方针政策的新闻报道，发挥着重要的舆论导向和社会动员作用，付费墙的设立有可能对这部分内容的抵达更广大人群带来一定的障碍，所以前四版永久开放，当日报纸全部开放。这事实上也是该报后来进一步取消付费墙的合理逻辑。2016 年 12 月 21 日，该报在数字平台发布通知称："为了更好地传播党的主张、反映人民心声、有效引领舆论、服务广大读者，现决定从 2017 年 1 月 1 日起取消《人民日报》数字报收费。"[②]

至此，国内综合性日报的付费探索以大面积的失败而暂告一个段落。只有《环球时报》（采用版权收费方式）和《南方周末》等个别报纸，以及 China Daily，Shanghai Daily，Global Times 等英文报纸仍在坚持（英文报纸因其受众相对较为小众，也可视为一种垂直性的专业报纸）。

三、财经和专业类报纸的付费墙存续

无论是作为全球第一个主流报纸建立付费墙的《华尔街日报》，还是全球第一个计量式付费墙创立者的《金融时报》，都是财经类报纸。内容的专业性和读者群体的专向性以及服务信息的不可替代性，使得财经类报纸相对更容易培育刚性需求，因而也更倾向于采用付

① 张静：《〈人民日报〉数字报取消收费 前四版长期免费》，新华网，2010 年 3 月 20 日。

② 《〈人民日报〉数字报停止收费的通知》，人民网，2016 年 12 月 21 日。

费墙战略。彭博通讯社所建立起的一套高级会员制度，也与此密切相关。中国报业的实践也在一定程度上证明财经媒体在建立付费墙方面所具备的一定优势。

如前所述，《经济观察报》是国内较早进入内容付费阵营的报纸之一。据该报当时的网络运营部主任姜楠介绍，该报虽然于 2004 年开始尝试以每年 50 元的价格向 PDF 版读者收费，“但由于当时读者对于数字报的认知度不够，加上后期宣传力度不足，技术上无法解决网上在线支付等问题，所以会员的订阅数和收入并不是很高”。2007 年报社组建网络事业部后，“数字报及会员收费服务方面也得到了全面的提升”。该报当时采取收费和免费相结合的方式，即收费用户可以第一时间看到原版呈现的数字报，而免费用户以网页的形式看到延后几天的新闻。收费则是全年 100 元，半年 50 元，手机版每月 6 元。到 2010 年姜楠接受媒体采访时，该报数字报发行量每年增长 100%（卢文炤，2010）。[①] 直到今天，《经济观察报》的付费墙仍在运营中。但据笔者向该报内部知情者了解，因公众号等各类平台都在发布信息，付费订阅的人数并不多。

国内较早实施数字付费的财经报纸还有《金融时报》《中国证券报》《上海证券报》《第一财经日报》《中国工商报》等。此外，更多专业类报纸实施了付费墙，如《中国计算机报》《中国科学报》《中国人口报》《中国汽车报》《中国税务报》等。这些专业报纸属于垂直媒体，相对较为小众，发行量都不大。其建立付费墙的目的，与其说是为转型而

① 卢文炤：《数字报是全媒体时代的增长点——访经济观察报网络运营部主任姜楠》，《青年记者》，2010 年第 2 期，第 15 页。

开辟数字端收入来源，不如说是保护纸质版在系统内的发行量。

图 7.6 较早建立付费墙的《金融时报》目前仍在坚持

来源：2020 年 7 月 13 日《金融时报》网站截图

四、国内报纸付费墙现状

在本项研究开展之前，国内并无关于付费墙报纸的全面统计。为此，笔者指导研究生张鑫瑶主要通过手工的方式进行了统计与核实。

首先，根据中国新闻年鉴社 2016 年 12 月出版的《中国新闻年鉴 · 2016》，通过第 17 编《机构》以及第 18 编《统计》两章，对其所刊录的 2015 年全国各级、各地区出版的所有报纸目录逐一进行手工检索排查，以判断其有无数字报、是否建立付费墙以及付费墙的构建和收费模式等相关信息。对其中难以确定者，通过年鉴提供的电话或电邮地址向对方核实。但需要说明的是，该年鉴的数据为

1 729 种，而国家新闻出版广电总局公布的 2015 年数据为 1 906 种。但考虑到该年鉴含有具体报纸信息而总局没有，故仍以年鉴数据为样本选择依据。[①]

经最后调查统计，在 1 792 个有效样本中，共有 1 189 种报纸在网上建有数字报，其中建立付费墙的报纸有 49 种，有 62 种报纸数字报处于停更、维护或网页出错状态；在未设立数字报的 603 种报纸中，未设立专门网站的报纸有 376 种，有专门网站但无数字报的报纸有 119 种，有 35 种报纸查证时已停刊或休刊，另有 73 种报纸在国家新闻出版广电总局官网上及相关引擎搜索均查无此报，此外有约 20 种报纸进行了更名。

上述统计表明，截至 2018 年 3 月 1 日，全国共有约 49 种报纸[②]建有不同形式的付费墙。这些可视为当前国内仍在使用的付费墙报纸。

表 7.1　国内目前建有付费墙的报纸（截至 2018 年 3 月）[③]

序号	报纸名称	主管主办单位	刊号
1	《中国计算机报》	中华人民共和国信息产业部主管 中国电子信息产业发展研究院、赛迪工业和信息化研究院（集团）有限公司主办	CN11–0004

① 因《中国新闻年鉴・2016》中部分排版重复和漏印，其实际所刊录报纸种类为 1 792 种，且包含部分广电报地方版以及湖南、湖北二省部分高校校报。

② 在调查统计过程中，虽然该年鉴是截至 2018 年 3 月的最新版本，但所刊载目录距现在较为久远，且数据并非完全准确，使得样本总体本身存在一定误差；此外由于手工搜集，可能会有错漏，对统计结果产生影响。

③ 表 7.1 内主管主办单位、刊号均为通过国家新闻出版广电总局官网办事服务栏目下的“报纸 / 报社查询”查询和部分头版刊示相结合而得，以期较为清晰地展示建立付费墙的报纸的层级及地区。

（续表）

序号	报纸名称	主管主办单位	刊号
2	《中国安全生产报》	国家安全生产监督管理局主管 《中国安全生产报》社主办	CN11-0008
3	《健康报》	国家卫生和计划生育委员会主管 《健康报》社主办	CN11-0010
4	《金融时报》	中国人民银行主管、《金融时报》社主办	CN11-0011
5	《中国医学论坛报》	国家卫生和计划生育委员会主管 国家卫生计生委国际交流与合作中心主办	CN11-0017
6	《中国人口报》	国家卫生和计划生育委员会	CN11-0020
7	《中国社会报》	中华人民共和国民政部主管 中国社会报社主办	CN11-0021
8	《中国劳动保障报》	中华人民共和国劳动和社会保障部主管 中国劳动保障报社主办	CN11-0022
9	《中国保险报》（2019年8月更名《中国银行保险报》）	中国保险监督管理委员会主管 中国保险报业股份有限公司主办	CN11-0025
10	《中国化工报》（2020年4月16日起因疫情而免费）	中国石油和化学工业联合会	CN11-0034
11	《中国消费者报》	国家工商行政管理总局主管 中国消费者协会主办	CN11-0042
12	《中国工商报》	国家工商行政管理总局主管 中国工商报社主办	CN11-0043
13	《帅作文周报》	中国出版传媒股份有限公司主管 人民文学出版社、湖北日报传媒集团主办	CN11-0052
14	《中国汽车报》	人民日报社	CN11-0056
15	《中国冶金报》	中国钢铁工业协会	CN11-0069

（续表）

序号	报纸名称	主管主办单位	刊号
16	《中国科学报》	中国科学院主管 中国科学院、中国工程院、国家自然科学基金委员会、中国科学技术协会主办	CN11–0084
17	《中国煤炭报》	国家煤矿安全监察局主管 中国煤炭报社主办	CN11–0086
18	《中国日报》（英文）	国务院新闻办公室主管、中国日报社主办	CN11–0091
19	《中国有色金属报》	中国有色金属工业协会	CN11–0115
20	《人民邮电报》	信息产业部主管、人民邮电报社主办	CN11–0116
21	《二十一世纪学生英文报》（21st Century Teens 英文）	中国日报社	CN11–0117
22	《综艺报》	国家新闻出版广电总局主管 中国广播影视出版社主办	CN11–0124
23	《中国中医药报》	国家中医药管理局主管 《中国中医药报》社主办	CN11–0153
24	《中国税务报》	国家税务总局主管、中国税务报社主办	CN11–0175
25	《中国黄金报》	中国黄金集团公司	CN11–0182
26	《健康文摘报》	国家卫生和计划生育委员会主管 《健康报》社主办	CN11–0190
27	《中国证券报》	新华通讯社	CN11–0207
28	《环球时报》	人民日报社	CN11–0215
29	《中国儿童画报》	共青团中央主管 中国少年儿童新闻出版总社主办	CN11–0231
30	《中国国土资源报》（2018年5月18日更名《中国自然资源报》	中华人民共和国国土资源部主管 中国国土资源报社主办	CN11–0259

（续表）

序号	报纸名称	主管主办单位	刊号
31	《现代教育报》	北京教育音像报刊总社	CN11-0265
32	《中国社会科学报》	中国社会科学院	CN11-0274
33	《中国书画报》	天津美术学院	CN12-0021
34	《财会信报》	内蒙古新华报业中心	CN15-0042
35	《上海日报》（英文）	上海报业集团	CN31-0004
36	《第一财经日报》	上海文广新闻传媒集团主管 上海文广新闻传媒集团、北京青年报社、广州日报报业集团主办	CN31-0024
37	《上海证券报》	新华通讯社上海分社	CN31-0094
38	《服饰导报》	江苏省苏豪控股集团有限公司	CN32-0110
39	《大众证券报》	南京日报报业集团	CN32-0111
40	《靖江日报》	新华日报报业集团主管、靖江日报社主办	CN32-0126
41	《经济观察报》	山东三联集团	CN37-0027
42	《半岛都市报》	大众报业集团	CN37-0056
43	《投资者报》	湖南广播电视台	CN43-0023
44	《南方周末》	南方报业传媒集团	CN44-0003
45	《足球报》	广州日报报业集团	CN44-0019
46	《篮球先锋报》	广州日报报业集团	CN44-0112
47	《南都周刊》	南方报业传媒集团	CN44-0121
48	《旅游新报》	重庆出版社有限责任公司	CN50-0013
49	《信息新报》	四川省科学技术信息研究所	CN51-0084

来源：张鑫瑶统计并制表

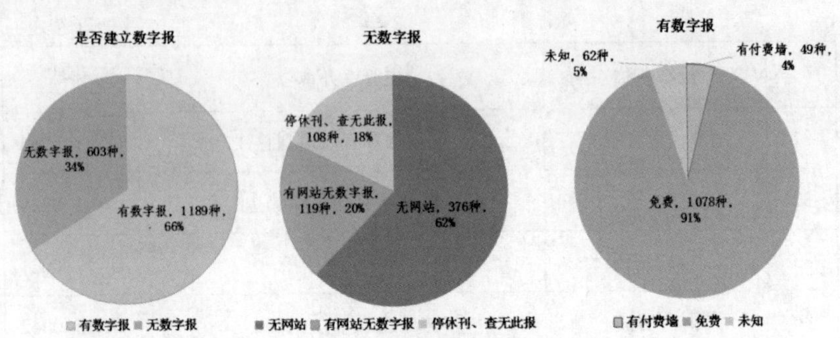

图 7.7 国内报纸数字报、付费墙占比情况（截至 2018 年 3 月）

来源：张鑫瑶统计并制作

五、国内报纸付费墙的五种模式

国内仍建有付费墙的 49 种报纸，其付费模式也存在较明显的差异。根据笔者和张鑫瑶对它们的逐一查验，发现这些付费模式可归类为以下五种主要模式：

1. 硬付费墙模式

即全封闭的付费阅读模式。在该模式下，非付费用户将无法阅读数字报的任何内容，这种“一刀切”的付费模式给报纸内容的不可替代性和用户的忠诚度带来较大的考验，也被看作是风险较大的一种付费墙模式。因为有可能将多数读者挡在“墙”外，从而严重影响流量，所以国外现已较少被采用。但硬付费墙模式在国内的采用率却仍然很高，49 种报纸中有高达 18 种采用此模式，如《中国社会科学报》《中国化工报》《综艺报》等。其中《中国化工报》是典型的硬付费墙，即非收费用户读不到报纸的任何内容。但从 2020 年 4 月 16 日起，该报启用新网站并取消收费（但必须注册才能阅读）。据笔者电话询问该报编辑部，回答是疫情期间因纸质报纸发行受阻而实施免费，但尚不知疫情过后是否会恢复收费。[①]笔者注意到，因新冠疫情，有多种付费报纸临时改为免费。

英文《上海日报》作为国内最早实施付费墙的英文日报，也一直采用“硬”模式。其后来还发展出一种按页购买的附加方式，即读者可以选择为某页付费（2020年的价格是每页6.99元人民币或0.99美元）。“墙体”硬度较低的报纸有《经济观察报》《中国国土资源报》（2018 年 5 月 18 日更名为《中国自然资源报》）等，它们在一些数字端留有漏洞可以进入，甚至可以看到 PDF 版，有点儿像国外的“多孔式”付费墙。还有一些报纸结合了其他模式，采用混合方式。

2. 线上线下结合模式

即订阅纸质版报纸用户可获赠数字报的阅读权限，非纸质版订阅用户则无法阅读数字报或需付费阅读。这也是美国包括《纽约时报》在内的很多报纸的通行做法，原因是纸媒订阅的价格毕竟高于数字媒体，需要鼓励纸媒发行。在报纸数字化转型的过程中，这也可视为一种“以退为进”的方式，目的是为了保护纸质版报纸发行量，留住更多的纸质报纸订阅用户。《中国人口报》《中国保险报》（2019 年 8 月更名为《中国银行保险报》）、《现代教育报》以及《中国儿童画报》等就采用了这种模式的付费墙。

---

① 笔者 2020 年 7 月 16 日电话咨询该报编辑部的回复，直到本书完稿，该报仍是免费状态。

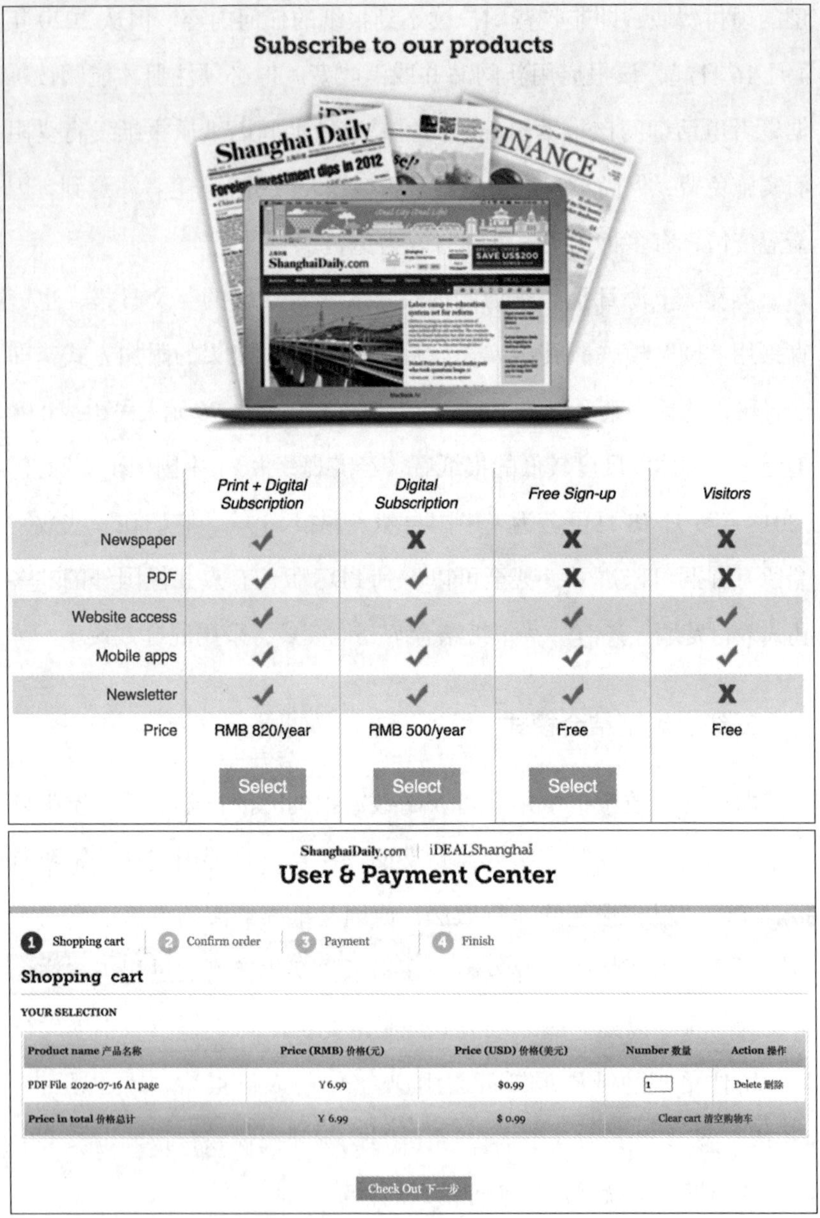

Subscribe to our products

	Print + Digital Subscription	Digital Subscription	Free Sign-up	Visitors
Newspaper	✓	X	X	X
PDF	✓	✓	X	X
Website access	✓	✓	✓	✓
Mobile apps	✓	✓	✓	✓
Newsletter	✓	✓	✓	X
Price	RMB 820/year	RMB 500/year	Free	Free
	Select	Select	Select	

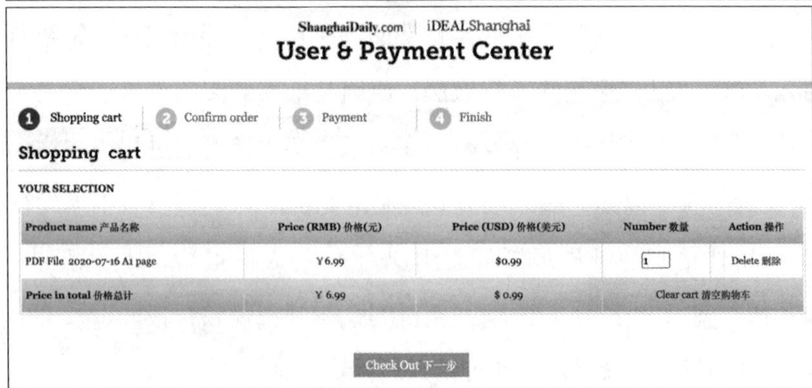

ShanghaiDaily.com | iDEALShanghai

User & Payment Center

1 Shopping cart 2 Confirm order 3 Payment 4 Finish

Shopping cart

YOUR SELECTION

Product name 产品名称	Price (RMB) 价格(元)	Price (USD) 价格(美元)	Number 数量	Action 操作
PDF File 2020-07-16 A1 page	¥6.99	$0.99	1	Delete 删除
Price in total 价格总计	¥ 6.99	$ 0.99	Clear cart 清空购物车	

Check Out 下一步

图 7.8 英文《上海日报》的硬付费墙以及按页付费价格

来源：2020 年 7 月 16 日英文《上海日报》官网截图

图 7.9 《中国银行保险报》订纸媒送电子版方式

来源：2020 年 7 月 16 日《中国银行保险报》官网截图

3. 计时付费模式

即以时间为门槛设置免费内容阅读的权限，但具体的时间设置各报差异较大。主要有两种形式：一种是“付费读新闻，免费读旧闻”，即只有付费订阅的用户才可以及时看到最新发布的内容。此举强化了新闻的时效价值，增添了付费的理由。代表性报纸是《足球报》《篮球先锋报》等。另一种正好相反，当前免费，档案内容收费，即对当下内容可以免费阅读，但要查阅以往过期内容，则只有付费订户才有资格。如《人民邮电报》可免费阅读最新两期内容，《中国科学报》按付费价格享受不同时段阅读许可。这一点和美国很多报纸的做法相似，即欲查阅过刊内容者，往往都有刚性需求，如《纽约时报》在建立付费墙之前很多年，就一直对两周前的内容收费。

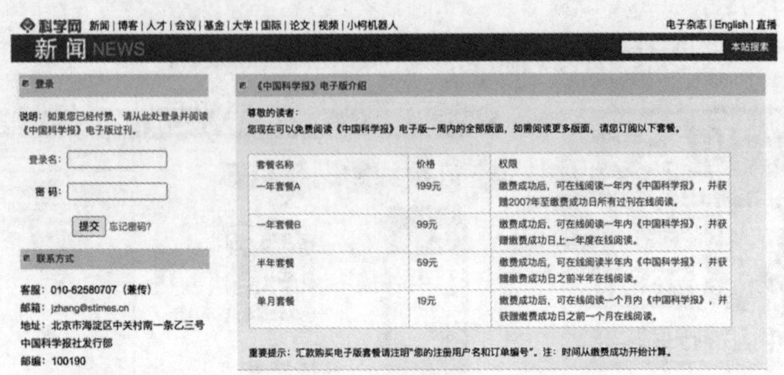

图 7.10 《中国科学报》不同价格覆盖的阅读时期

来源：2020 年 7 月 16 日科学网截图

4. 分类付费模式

有点儿像国外的计量式付费墙，只不过分类付费所计算的量不是篇数，而是版面。《人民日报》当初对第四版之后的内容收费，即属此类。采用这类付费形式的报纸目前有 10 种。如《健康报》对前三版内容免费开放，但其他版需付费订阅；《第一财经日报》第一版内容免费，后面的版要付费；《中国汽车报》稍复杂，当前期的 16 版全部免费，非当前期的前 8 版免费，其余要付费。

图 7.11 《第一财经日报》点击第二版内容后出现付费提示

来源：2020 年 7 月 16 日《第一财经日报》官网截图

5. 预览付费模式

即可以免费预览阅读数字报内容的前一部分的文字或 PDF 的前几页，若想阅读全部内容则需要注册付费。这与《华尔街日报》调整后的付费墙相类似。这类报纸也有 8 种。如《南方周末》，如果从网上搜索到该报文章，可以看到标题和摘要，其余要订阅，这就和《华尔街日报》完全一样，只不过《南方周末》免费阅读的内容比后者多。英文《中国日报》可以免费读到任何文章的前 3 段。《中国计算机报》可免费阅读前 15 页、PDF 版前 10 页以及网页版精选文章部分或全文。

图 7.12 《南方周末》会员式付费墙收费标准

来源：《南方周末》官网 2020 年 7 月 16 日截图

至于支付方式，大致分为向本报直接支付或通过本报参与的电子报刊订阅平台支付。规模较小的报纸多采用后者。较常见的有“订阅网”（www.edingyue.com）、“读览天下”（www.dooland.com）等。

第三节 本章小结：内容是王道 传播是霸道

内容付费对报业而言，实质是对报纸内容价值的重新认定，也是对早期报刊商业模式的一种回归。

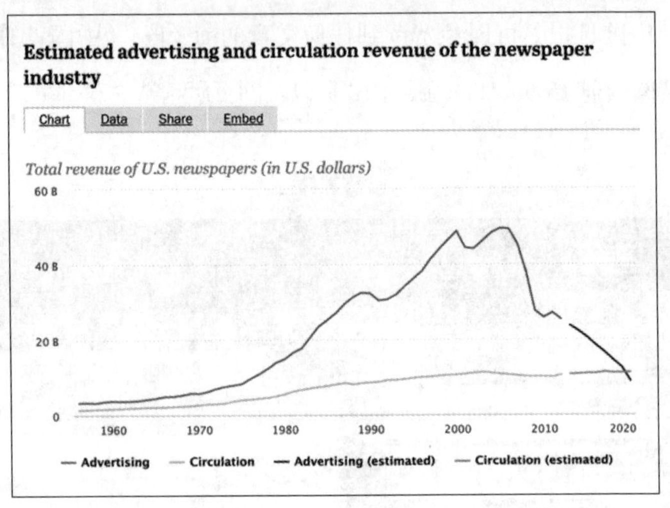

图 7.13 美国报业广告增长图（1956—2020）

来源：PEW RESEARCH CENTER, June 29, 2021

回顾美国乃至全球报业的发展史可知，在报纸问世后相当长的时间里，报纸都以发行收入为主要收入来源，即主要靠内容卖钱维持再生产。1833 年美国的纽约《太阳报》创立了大众化报纸的商业模式，才把报纸价格大幅降低，而增加了广告收入的比重。但报业广告的真正大发展，还是在第二次世界大战之后全球经济进入强劲增长期，彼时广告收入已明显超越发行收入。战后 5 年内，美国报业广告翻了一番。根据美国新闻媒体联盟（NMA，前身为美国报业协会）的历史数据，1956 年，美国报业的发行总收入为 13.45 亿美元，广告总收入为 32.23 亿美元。10 年后的 1966 年，发行收入为 21.09 亿美元，广告收入增至 48.65 亿美元。美国报业广告于 1977 年突破百亿大关后迎来爆发性发展。1996 年，发行收入为 99.69 亿美元，广告收入为 380.75 亿美元。到顶峰的 2005 年，发行收入突破百亿达到 107.47 亿美元，是 1956 年的不到 8 倍；广告收入实现创纪录的 494.35 亿美元，是 1956 年的 15 倍多。

因此，采用内容付费商业模式的报纸，首先体现的是对自身内容的自信，或对在信息过剩时代提升内容质量的追求。以笔者调研的美国报纸样本而论，凡建立付费墙的报纸，无一不对内容品质有着严苛的内在要求，并时刻通过各种测量手段来检验内容在数字端的受众效果。《纽约时报》保持 1 100 多人的庞大编辑部，以及《华盛顿邮报》的编辑部规模也于 2021 年 1 月逆势突破 1 000 人规模，都是为了确保让内容生产处于同行业绝对领先水平。

就中国报纸而言，则出现两种情况：

一种是与美国同行类似，对内容质量与付费模式之间的强大正相关关系有着清醒的认知，表现出长期而不懈怠的优质内容追求倾向。无论是早期的《温州日报》《经济观察报》，还是现在仍在坚持的《南方周末》《环球时报》等，以及以几大证券报为代表的少量财经报纸，都可纳入这一类别。近年《财新》杂志不仅大张旗鼓地建立了付费墙，而且在优质内容生产方面取得令人刮目相看的业绩。

据总部位于法国的国际媒体组织 FIPP 发布的《全球数字订阅 2020 年第四季度简报》，2020 年上半年，《财新》付费订阅用户突

表 7.2　全球 2020 年第四季度前 20 名付费墙报刊

Country	Title	Subscribers	Reported	Source	%Change*	Cost
USA	New York Times	6,100,000	2020 Q4	Source	7%	USD 2 / week
USA	Washington Post (~1)	3,000,000	2020 Q4	Source	50%	USD 60 / year
USA	Wall Street Journal	2,350,000	2020 Q4	Source	6.8%	USD 38.99 / month
USA	The Informer	2,100,000	2019 Q3	Source	no change	USD 19.99 / year
UK	Financial Times	1,100,000	2020 Q1	Source	no change	GBP 33 / month
USA	The Athletic	1,000,000	2020 Q3	Source	no change	GBR 7.99 / month
UK	Guardian (members + subs)	790,000	2020 Q3	Source	no change	Not applicable
Japan	Nikkei.com	767,978	2020 Q2	Source	no change	JPY 4277 / month
UK/Global	Economist App (legacy + new)	515,680	2020 H1	Source	no change	GBR 55 / quarter
China	Caixin	510,000	2020 H1	Publisher	no change	RMB 58 / month
Germany	Bildplus	493,646	2020 Q4	Source	0.89%	EUR 7.99 / month
UK	The Times/Sunday	337,000	2020 Q4	Source	0.29%	GBP 26 / month
UK	The Telegraph	320,000	2020 Q3	Source	7.8%	GBP 76 / year
France	Le Monde	300,000	2020 Q2	Source	no change	EUR 9.99/month
Italy	Corriere della Sera	300,000	2020 Q1	Source	100% **	EUR 9.99 / month
USA	The Atlantic	300,000	2020 Q3	Source	no change	USD 49.99 / year
USA	Boston Globe	270,000	2020 Q4	Source	31.7%	USD 27.72 / 4 week
UK	The Guardian (subscribers)	265,000	2019 Q4	Source	no change	£11.99 / month
Argentina	La Nación	260,000	2020 Q1	Source	no change	ARS 320 / month
Argentina	Clarín	260,000	2020 Q2	Source	no change	ARS 340 / month

来源：FIPPJanurary 2021

破 51 万，名列全球第 10 位。[①]《财新》成为该报告所列 75 家新闻媒体中唯一中国媒体（也是唯一由第一方提供数据的媒体，其余都是第三方提供或公开统计来源的数据）。排在《财新》前面的 9 家媒体分别为：《纽约时报》《华盛顿邮报》《华尔街日报》《信使》（*The*

① FIPP. *Global Digital Subscription Snapshot-2020Q4*, www.fipp.com January 2021.

Informer）《金融时报》《大西洋月刊》《卫报》《日本经济新闻》《经济学人》。

《财新》虽然是期刊而不在本研究对象之列，但其在数字付费方面的成就仍值得报业借鉴，笔者也因此付费订阅该刊数字版（每年498元），将其作为观察样本。笔者曾联系其主编胡舒立，获允对《财新》做个案调研，但直至本书完成，仍未能获得跟进实施的安排，暂作罢。

另一种是主要出于版权保护或维持印刷版发行的目的，其并不指望在数字平台明显扩大发行。这类报纸以专业报纸为主，它们或因其内容处于垂直领域而有不可替代性，或因在各自领域里具有纸媒发行的系统性资源，而更多地将付费墙视为对纸媒内容的保护措施。因此，这类报纸中的大多数，多年来看不出在内容方面的明显进步。

笔者研究的主要是第一种类型的报纸，即出于数字转型和重建商业模式的需求，着眼于未来报纸完全数字化的大趋势，而采用付费墙战略、相信内容可以卖钱的报纸。这类报纸，无论曾经建有付费墙还是今后考虑建“墙”，都会在内容生产上采取更加积极进取的姿态。只可惜，国内目前这样的报纸数量只占极少数。2014年，笔者曾经在研究生课上布置过一道作业：研究生们两人一组，分别从他们认为国内办得较好的全国报纸、省级报纸、地市级报纸、都市类报纸中各挑选两种报纸，对其最近一个月的版面内容进行分析，以判断哪些报纸或报纸的哪些版面，适合纳入付费墙运营。最终大家的分析结果表明，无一报纸可行，只有个别报纸的少数版面尚值得读者为其付费。原因是，这些报纸的大多数内容，拿到数字平台便失去其唯一性或独特性，较难引起刚性阅读需求进而为之付费的欲望。就最近几年而言，中国的报纸受困于经济低迷下的降低成本压力和内容生产的外部制约，其在内容供给侧方面无论从生产数量还是内容质量上都不能满足读者需求，就更不具备建立付费墙的条件。

这就是国内报纸目前的普遍状态，也是中国报纸难以建立付费墙的现实基础。其实无论是内容付费模式，还是广告为主模式，都需要用注意力去变现，而注意力的来源主要是内容。正如新浪网原总编辑周晓鹏在“新浪 2016 未来媒体峰会”所言，未来媒体的竞争环境下，谁占据对于未来信息和内容定义的制高点，谁就占领了未来媒体的制高点。[①]当然，国内报纸内容的这一状况和中国的传媒体制有很大关联。相比较于美国报纸只向法律和股东负责的业态，中国报纸受到的掣肘更多。

在中国较难推行付费墙，除了内容普遍不能令人满意以外，还和以下几个因素有关。一是受众需求。中国网民的受教育程度普遍较低。根据 2021 年 2 月 3 日发布的《第 47 次中国互联网络发展状况统计报告》，截至 2020 年 12 月底，中国网民规模虽已达到 9.89 亿的新高峰，但受过大学专科及以上教育的网民仅占 19.8%（仅比第 45 次报告增长 0.3%），略高于小学及以下网民（占比 19.3%，比第 45 次报告增长近 2%），而初中程度占比 40.3%，是网民中最大类别的学历人群。[②]相对较低的网民素质，加上网络信息消费的去新闻化、过度娱乐化和商业化（例如网购）倾向，使得新闻业即便产出优质

---

① 《一场峰会，全方位解读“浸媒体”时代》，www.news.sina.com，2016 年 10 月 10 日。

② 综合第 45、47 次《中国互联网络发展状况统计报告》。

内容，也较难形成较大规模的刚性数字受众。二是付费意识。大多数中国网民尚未形成为在线优质内容或优质服务付费的意识。不过，近年从腾讯视频、爱奇艺、喜马拉雅以及在线音乐的付费用户数量显著增长的趋势看，愿意为优质内容付费的年轻群体正在形成，这将有利于改善付费墙的外部环境。

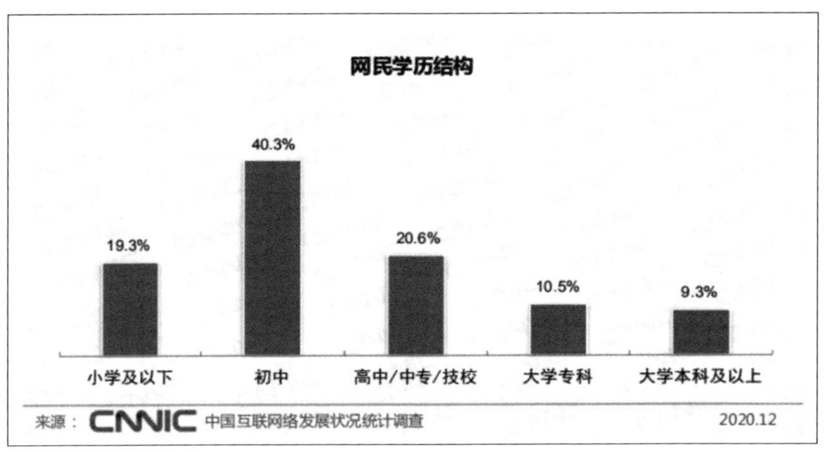

图 7.14 中国网民学历结构（截至 2020 年 12 月）

根据美国的经验，仅仅依靠内容为王难以成功运营付费墙模式。在数字时代，内容的呈现形态（视频、音频、VR、大数据等）和传播方式（各种数字终端、互动、速度、便利性等）及其形成的用户体验，也同样是王道。

第八章

结语与讨论：在借鉴和探索中转型

报纸的融合转型，是一项艰巨而复杂的系统工程。也正因此，在全球报业不懈努力、积极探索至少长达20年的过程中，真正成功的案例并不多。但各国报纸在探索过程中积累的经验与教训却较为可观。这些经验与教训对任何他者都是一笔宝贵财富。而本研究选择在融合转型中相对先进的美国作为整体的研究样本，用以观照正在积极追赶的中国实践，在比较中知长短、识高低，显然有利于中国报业在借鉴别国经验教训中加快融合转型的改革步伐。

中美两国体制不同，报业所处的政治、社会、法律环境也很不相同，特别是在2020年本研究完成之际，美国政客种种做法还导致两国关系日趋紧张。但这并不妨碍我们从专业的、共性的、趋势性的角度去分析、解读两国报业从理念到实践的转型之路，进而在借鉴、思考和探索中向前推进。出于上述考虑，笔者从转型历史、转型理念、移动传播、数字广告、多种经营、内容付费等报业融合转型的关键方面进行了深入的研究，展现出报业转型的主要脉络和部分细节，以期引起中国报人的思考。

第一节　起点不同而理念趋同

如第二章所述，在互联网商用化之前很多年，美国一些报纸已经开始了电子化的尝试，走出转型的第一步。1980 年 7 月 1 日，《哥伦布电讯报》通过美联社和计算机分享系统 CompuServe 发布了若干篇报纸文章，被认为是美国“第一份在线报纸”。继该报之后，一批全国及区域性大型报纸先后与 CompuServe 签约，提供内容的电子发布服务。尽管这些尝试先后失败，但面对已露出端倪的信息技术革命，美国报人们普遍相信这一技术革命将会严重影响报纸的未来，因而继续展开新的融合尝试。代表性的实践主要是与有线电视及电信部门合作。1987 年，美国有近 20 家报纸在 audiotex 平台提供包括新闻、体育、股票、天气等有偿内容服务。到 1991 年，全国已有约 600 种日报提供基于电话设备的有偿信息服务，占日报总数的约 1/3。

与美国同行起步于前互联网时代不同，中国报业是从 1995 年互联网已经实现大众化服务时才展开行动的。从这个意义上讲，中国报业的转型实践，比美国同行晚了约 15 年。中国最先上网的纸媒，是两份涉外报刊：1995 年 1 月 12 日在互联网上发布电子版的中文期刊《神州学人》，同年 10 月 20 日在互联网开通电子版的《中国贸易报》。1996 年 1 月 2 日，《广州日报》电子版通过新加坡报业控股的服务主站“亚洲一号站”正式进入互联网，成为中国最早上网的综合性日报，随后有多种报纸迅速跟上。所以笔者认为，1996 年才是中国报纸的上网元年。

技术迭代往往产生断层性、颠覆性的效应。因此在起跑线上的落后，对中国报业后来的转型发展影响并不大。大家都在互联网这一革命性数字平台上创新和发展，美国报业之前尝试的种种技术途径，都已归入历史。

而转型理念的核心，即第三章提到的“数字优先”。西方传统报纸十年前因应信息传播方式的巨大变革和媒体数字化转型的紧迫压力而提出的这一新理念，随着转型的深入推进，已经成为美国报业普遍认同的共同战略。那种为印刷版保留优质独家内容的做法已经被很多报纸所抛弃。这是印刷报纸势必被淘汰而数字传播已经成为主流的大趋势所致。而美国一些报纸由数字优先而走向数字唯一，也可视为这一大趋势的终极走向，只是这些报纸先走几步而已。

这一理念也得到中国多数报纸的认同，并在实践中得到越来越多的体现。但在当前的实际工作中，纸媒的优先地位仍未被真正打破。数字优先要想真正落到实处，必然要进行符合数字生产和传播的组织重建，但这样的重建在大多数中国报纸中并未发生。或者说，在大多数仍然将数字运作作为与其他采编部门平行的一个部门的报社，以纸媒为中心的生产方式就不会有太大的改变。在国内很多报社，优质独家内容等纸媒发布后在上传数字平台的做法，仍较为普遍。

不过事情正在起变化。以人民日报、新京报、上海报业集团、浙江日报报业集团、南方报业传媒集团、深圳报业集团等为代表的一批报业机构正在用实际行动践行数字优先理念，并正在带动更多报纸进入这一方向。当然，由于纸媒目前仍是国内绝大多数报纸的主要收入来源，数字优先的悖论在短期内将会继续存在。但无论从哪个角度观察，中国报业在数字优先理念上，正在与美国报业趋同。

第二节 移动传播仍大有文章可做

移动传播是21世纪以来最令人振奋的传播变革。通过智能手机、平板电脑等移动终端实现的内容发布与获取，不仅带来了信息消费的极大便利，还因为随时随地的UGC生产而大大提升了信息的产量。中美两国报业在这方面都毫不含糊，几乎同时抓住了移动传播的契机，顺应民众的手机上网热潮，实现在数字平台上的移动优先。而对中国而言，移动端更具重要性，因为近年来中国网民人数的增加几乎全部来自移动端：2016年底中国有7.31亿网民，其中手机网民6.95亿；2020年底中国有9.89亿网民，其中手机网民9.86亿；新增的约2.5亿网民全部是手机网民。

移动传播主要分社交媒体和客户端（含聚合与自建）两种方式。社交媒体是借助别人平台实现数字传播，进而促进自身的数字转型。这方面，美国得天独厚，拥有大量可供选择的社交媒体平台，因而可以抵达各种层次的受众人群。中国报纸虽然长期局限于“两微”，但近年随着快手、抖音等大型平台的崛起，报纸可进驻的社交媒体正逐渐增多。社交媒体平台的最大好处，是可以迅速抵达广大人群，而在维护和运营方面成本低廉。但社交媒体难以形成可盈利的商业模式，通过社交媒体将受众引流到自家网站或自有平台，有效回收注意力，才有可能实现真正意义上的转型。因此，美国报业在高度重视 PC 端官网建设的同时，也在客户端建设上下足了功夫。

美国报纸的主客户端，不仅实现了报纸全部内容的完整呈现，而且做到一天之内的无限次更新，网罗一切重要新闻。同时还做到突发新闻的随时推送，形成新闻简报、电子邮件传递新闻套餐。因此，即便你手机里装了很多客户端而无暇都打开，但只要他们在手机上，重要新闻便不会遗漏（当然前提是客户端来自靠谱的新闻生产机构），无需打开客户端。如果在国际、国内、本地、垂直等各个层次上选装若干权威的报纸客户端，就无需担忧错过任何重要或自己感兴趣的新闻。这种客户端的多重推送功能（包括每天定时的简讯推送）以及通过电子邮件主动定期定向发布的“新闻信”（newsletter），近年受到美国受众的青睐，但在中国尚不普及。

在主客户端之外，是大量而丰富多彩的垂直客户端，而这正是中国报业客户端的明显短板。如何找到受众痛点，开发契合特定群体需求的垂直客户端，是大量具有专业化生产能力的报纸的内容蓝海，值得中国报人俯下身子，纵深挖掘。

第三节　数字广告拓展需要创新思维

中国的广告总额很高，2019 年达 8 674.28 亿元，仅次于美国，居全球第二。[①] 中国的数字广告额也很高，2019 年在广告总额中占

---

① 《2019 中国广告年度数据报告》，https://www.adquan.com/post-13-293111.html，2020 年 2 月 24 日。

比 69.5%，比美国数字广告在国内占比 54.2% 的比例还高。在全球十大数字广告媒体中，中国占 4 席，分别是第三名的阿里巴巴、第五名的百度、第六名的腾讯和第十名的新浪。[①] 这些数据皆表明，中国的数字广告市场并不小，但报业在其中占的份额太小。

如第六章所述，中国报业的数字广告与美国同行相比，无论是直接广告、间接广告还是与第三方合作，都有很大差距。对于受众量相对较小的报业数字端而言，数字广告的开拓存在很大困难。而中国报纸在社交媒体上的受众拓展，除非平台方有实质性广告分成举措，否则也无助于明显提升数字端的广告。当年 Facebook 推出“即时文汇”（Inastant Articles）项目，鼓励主流媒体入驻，允诺实现广告分成，导致包括《纽约时报》和 CNN 等在内的美国顶级媒体首批入驻，但效果也不理想，《纽约时报》等已于数年前退出。

就直接广告而言，报纸的数字广告主要还是来自其自有平台，包括官方网站和客户端以及与第三方合作的新平台，如《新京报》与腾讯合作的“我们视频”，南方报业传媒集团与腾讯合作的大粤网，《深圳晚报》与 ZAKER 合作的“深圳 ZAKER”以及与喜马拉雅合作的等（该报 2020 年与头部音频媒体深圳喜马拉雅合作成立“深圳喜马拉雅”，目前共运营 15 个数字电台，累计播放 91 个专辑，总播放量超过 2 亿，已获得一定数量的广告收益[②]）。这方面，中国报业需要继续增加数字产品的供给，扩大广告容纳的平台。就间接广告而言，中国报纸应当多向美国和欧洲的同行学习，用各种

① Jasmine Enberg. *Glabal Digital Ad Spending 2019*. www.emarketer.com. March 28, 2019.

② 据 2021 年 2 月 4 日与深圳晚报社总经理周智琛的访谈。

手段拓展数字广告的增量来源，也包括在技术上的提升，扩大技术赋权。

在对中美报业的实地调研中，笔者明显感受到，数字广告的开拓是一件需要付出比纸媒广告付出更多劳动和智力的事情，创新思维将是贯穿始终的驱动力。

第四节　内容付费需因报而异，择机而行

内容付费虽然仍有争议，在中国更是较难推行，但全球的大趋势是在扩大和持续推进的。从美国的报业实践看，这一趋势主要由四方面的因素推动：一是纸媒广告不可逆下降，广告成为单一主要收入来源的状况难以为继；二是数字平台的广告拓展较为困难，各种水平越来越高的广告拦截软件为这一困难雪上加霜；三是有利于提升报纸在数字端注意力的生产优质内容的动力；四是报纸有付费阅读的天然传统。相较于在传统时期就主要是免费服务的广播和电视，报纸从其诞生之日起就是要付费购买或订阅的。可以说，掏钱购报以获取新闻内容，是报纸数百年来早已形成的读者习惯，这个惯性导致报纸的付费受众迄今仍远大于其他新闻媒体的付费受众。因此，只要内容足够好，报纸读者比广播和电视的受众更容易转向付费受众。前述路透研究院关于美国和欧洲的媒体付费墙调查就表明，报纸付费墙数量和比重远远高于广播和电视等媒体。

以上四大因素在中国全部存在。因此，从理论上说，中国报业也是付费墙实践的应有场所。事实上，中国也有多达 60 多种报纸先

后尝试过内容付费，且迄今仍有40多种报纸继续这一实践。但如第七章所言，付费墙在中国存在种种困难。而中国的报纸因担心数字端受众的流失和内容影响力的削弱，又不敢像日本和中国香港的多数报纸那样（这些报纸所处的文化环境与中国内地相似），将报纸版面内容用“墙”封住，在鼓励重度新闻网民付费阅读的同时，对纸媒发行量予以维持。

国内目前的最大障碍之一，还是报纸本身的内容价值不高。大多数报纸对生产优质独家内容的动力不足，宣传内容多于新闻内容（以新闻价值考量），再加上版面的萎缩和总内容供给量的减少，要形成刚性阅读需求非常困难。以正在大力推行付费墙的财新传媒为例，其内容格局如果也像很多报纸那样，其内容付费的战略则不可能成功。而最令人担心的是，报纸的内容生产如果长期脱离民众的基本需求，最后会导致新闻消费人群的永久性流失。当一个社会的主流人群不再关心真正的新闻，而醉心于低层次的信息传播，让波茨曼所说的“娱乐至死”的人群一统天下，这个社会将更加值得担忧。

好在国内年轻人在知识付费和为优质内容（多为影视、音乐等）付费方面已出现高速增长的势头。据统计，2018年和2019年的用户付费规模分别达到2.92亿人和3.87亿人，2020年有望突破4亿人。[①]这种付费意识的觉醒，有利于报业实施内容付费战略。但国内在短期内还不具备大面积推广的条件。各报应根据自身情况和所处环境，

① 《2020年中国知识付费行业用户规模、市场规模及行业发展趋势分析预测》，http://www.chyxx.com/industry/201910/795533.html，2019年10月22日。

选择适当数字产品（如官网某个频道或某个垂直客户端），在最有利的时机，尝试建立付费墙。至于付费墙的种类，建议以国际最为通行的计量式付费墙为主，但在初期应尽量降低“墙”的高度，就像《达拉斯新闻晨报》那样，让受众感觉不到“墙”的存在，进而慢慢地培养忠诚读者，视实际阅读欲望而科学调控“墙”的高度。所谓“将欲取之，必先予之”。

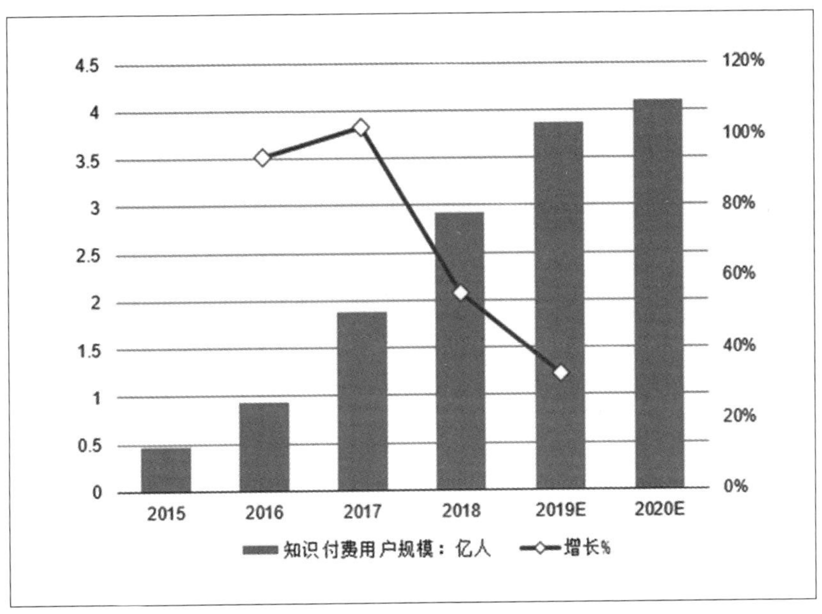

图 8.1　2015—2020 年中国知识付费用户规模及增长情况

来源：产业信息网 2019 年 10 月 22 日

如果说报业转型是一个艰巨的工程，则从研究角度看，以一个国家为整体，研究国别报业转型的宏观、中观、微观现状，并将两国情况加以比较分析，同样不易。正因此，笔者带领自己的几位研究生持续数年不懈努力，作为阶段性成果发表了 10 多篇论文，其中包括顶级期刊论文 1 篇、权威期刊论文 3 篇、C 刊和 C 扩论文 7 篇，并有 5 篇论文被《新华文摘》（数字版）全文转载。希望这项成果能为业界提供参考，并为更多的此类研究抛砖引玉。

2021 年 2 月

后记

这本小书是在我主持的国家社科基金项目《传统报业向融合媒体转型的路径选择：中美比较研究》（15BXW015）结项研究报告的基础上更新扩写完成的。研究报告10万余字，由我个人撰写完稿。其中以我自己的阶段性研究成果为主，同时吸纳了我与研究生共同完成或我指导研究生完成的一些论文的相关内容（文中均有注明）。因此，我首先要感谢这几位已经毕业的学硕研究生，她们是：叶愉，李婷菊，张鑫瑶，徐蔓。

同时也要感谢深大传播学院新闻系的尹连根教授、刘劲松教授、李明伟教授，以及深圳特区报社编委、原深圳新闻网总编辑唐亚明高级编辑。当初很荣幸得到他们的大力支持，与上述研究生共同组成课题组，并在整个研究过程中得到他们的热诚而有益的帮助。虽然由于各自研究方向和学术兴趣不尽相同而未能围绕同一具体主题展开研究和发表成果，但我从他们身上及其学术成果中汲取的养分，已对课题的顺利完成形成实质性的支撑。

传统媒体的“融合”与“转型”，是信息技术革命导致的新闻业大变革以来的最热门概念之一，也是业界与学界挂在口中、写在纸上的高频词汇。但我认为，两者还是有所区别的。

关于“媒介融合”，无论是最早提出这一概念的伊契尔·索拉·普尔所强调的以“多种物理方式”取代“单一的物理方式”（Pool，1983），还是亨利·詹金斯归纳的五种融合形态或以《黑客帝国》为例提出的跨媒介叙事（Jenkins，2001），抑或曾在国内学界和业界被广为推介的美国坦帕新闻中心的融合实践（蔡雯，2005），都和以报纸为代表的传统媒体现在所进行的融合实践有较大不同。融合有双向的含义，而报业的融合却是单方向的，是由印刷媒介转向数字媒介的单向行动，而残存的印刷版无论是发行量还是影响力都在不可逆地萎缩，包括被视为国际融合典范的《纽约时报》《金融时报》等也概莫能外。反观数字媒介，它们是不会向印刷方向融合的。换句话说，与处于高阶的数字形态相比，印刷形态属于低阶形态，而高阶不会向低阶融合。这种放弃（像《纽约时报》那样正在放弃或像《东方早报》那样已经放弃）原有物理形态而进入另一种物理形态的做法，与其说是“融合”，不如说是“转型”。就像《数字化生存》作者尼葛洛庞帝 1995 年在书中预测的那样，没有重量、可以光速传播的比特构成的数字化过程将成为信息产业的主要形态，信息产业的前途“百分之百要看它们的产品或服务能不能转化为数字形式”。即便要说融合，也主要是数字平台上文本、图片、视频、音频等呈现方式的融合，即我们打开某单一数字终端，甚至在一则新闻内容中，便会同时享受到人类迄今为止创造出的所有内容呈现方式。这显然也和普尔、詹金斯当初提出的融合概念不尽相同。

正因为这个原因，本书从书名到正文，都侧重使用了“转型”的概念。从近年美国学界和业界的报业研究看，“转型”（transformation 或 transition）也已取代“融合”（convergence）成为主流概念。

但无论融合也好，转型也好，都还是个正在变化而看不到终点的过程，而变化又是快速而剧烈的。这就给本书带来挑战。尽管笔者已经尽可能地不断更新数据、更新观察，将发现的最新的有启发意义的实践写入书中，但仍然力不从心，跟不上业界的步伐。例如无论美国还是中国报业，这两年在音频播客方面热火朝天的实践，就未来得及在书中加以总结和比较，尽管在书稿提交前笔者已经有一篇相关论文发表。

此外，书中对中国报业现状的调研也不够充分。理论上，此类“比较研究”必须以对两边情况研究透彻为前提，尽管这样做工程浩大。2018 年，笔者已经出版了一本关于美国报业转型的调查研究著作《重走美国大报 / 美国报业转型：颠覆与重生》。中国方面虽然耳濡目染，亲历近观，调查走访，但远没达到可独立成书的地步。在此基础上完成的“比较研究”，缺漏一定不少，这是要特别恳请学界和业界的专家们批评指正的。

最后要特别感谢中山大学传播与设计学院张志安教授百忙中为本书赐序。张老师虽然年轻，但早已是学界中坚，是我从业界江湖转到学界江湖一直树为榜样的老师之一。还要感谢大百科全书出版社的责任编辑，其敬业精神确保了拙著的优质出版。

辜晓进

2021 年 5 月 7 日

于深圳爽籁居